Toss Plan B Overboard and Unleash Your Full Potential

BURN THE BOATS

拋棄B計畫

破釜沉舟，釋放全部潛能的人生新策略

MATT HIGGINS

麥特・希金斯——著　林師祺——譯

CONTENTS

PART 3 打造更多的船

INTRODUCTION

破釜沉舟

我緊張地走進曼哈頓下東區紋身店，準備我的第一次刺青——但我此時已經四十八歲了！紋身師鄭宇哲（音譯，Woocheol Choung）在門口迎接我，他自稱樓（Low）。他笑著說：「不能後悔喔？」[1]我立刻放下戒心。樓是個高大的年輕人，從頭到腳布滿紋身。他的笑容燦爛，工作室乾淨整潔，與紐約這個龍蛇雜處的地段格格不入。他在首爾長大，從小懷抱著天方夜譚的夢想。他原本想在祖國成為紋身師，但這個夢想卻無法實現，他解釋：「紋身業在韓國難以生存，」他告訴我。「政府規定紋身得由醫生執行。想從事紋身工作，就要有醫師執照，許多有天分的藝術家只好轉戰海外。」

樓就是其中之一。他十九歲從大學中輟，決定搬到美國。他把計畫告訴

1 原文「burn the boats」，破釜沉舟，有自斷後路，下定決心之意。

父母時，他們都哭了，「他們認為刺青是幫派的象徵。」他搬到紐約市，投身Blindreason紋身店。他在這裡發揮自己的亞洲傳承，用韓文、日文和中文字結合書法。

多年來，樓屢屢展現這本書書名的精神，在韓文就是：沒有回頭路。

撰寫《拋棄B計畫》之際，西方文化普遍未意識到這種古老哲思的亞洲起源，這點倒讓我頗感興趣。偉大的中國將軍、軍事兵法家，作家和哲學家孫子，是文獻上初次提到這種思維的人。他在經典的戰略指南《孫子兵法》中寫道：「帥與之深入諸侯之地，而發其機，焚舟破釜。[2]」他不准部下考慮返航，軍隊想吃到下一餐，就得擊敗敵方，吃敵方的食物。

西元前二〇六年，中國的項羽可能是第一個援用這個戰術的人。秦朝時，項羽率領軍隊渡過漳河，雖然僅剩三天的口糧，他還是指示士兵打破鍋釜、鑿沉船隻，項羽的軍隊也在毫無退路的情況下力克敵軍。

與其刺英文字，我決定在右手臂刺上中文字「破釜沉舟」。提醒我凡事都要貫徹始終。

我從《*Vogue*》介紹「活躍於美國的亞洲紋身師」報導中找到樓。他堅信自己之所以成功，是因為他不讓自己有其他選擇。當樓開始賺錢，並擁有自己的死忠粉絲之後（Instagram 上近兩萬名追隨者）父母終於了解他，反而要他堅持下去。

「從事紋身這行有風險，如果你有退路，就不會百分之百投入，你必須全力以赴。」

我能找到他，簡直是奇蹟，因為這個人親身實踐我想永久留在手臂上的精神。樓的故事恰巧實現了「破釜沉舟」的哲思，實現這本書的精神，也實現我的願望，把「破釜沉舟」這個理念起源歸返給亞洲文化歷史。

樓能把深藏內心的想法具體表現在藝術作品中，他很高興。我也很興奮能以他的故事揭開這本書的序幕，因為他的經歷和我並無二致。樓沒念完大學，我也從高中輟學，當時住在紐約市皇后區蟑螂肆虐的公寓，只能睡地上那張毫無彈性的床墊。我是四個男孩中的老么，從小跟著單親媽媽長大，她靠著清潔婦的微薄收入支付房租。當我意識到家裡的處境有多悲慘時，三個哥哥早就離家多年。

我十六歲從高中輟學，同學一定沒想到，相隔不到三十年，他們會在全球頂級創業節目《創智贏家》（*Shark Tank*）看到我擔任嘉賓。寫這本書時，我又更上

2 《孫子兵法》第十一篇〈九地〉。

一層樓，這次將主持、執行製作自己的試播節目，幕後推手就是MGM公司開發大型實境節目如《創智贏家》、《誰是接班人》（*The Apprentice*）、《好聲音》（*The Voice*）、《我要活下去》（*Survivor*）的馬克・伯內特[3]。

寫下這些文字之前，我還不知道節目是否會播出，但這一點都不重要，只有向前邁進才會讓我興致高昂。馬克和他的團隊看到我骨子裡散發出的渴望，也看到節目中創業者們的強大意志力，這些人即將創辦第一家公司，正要執行人生中最大的冒險。這個風險甚大，幾乎一半的企業在創業頭兩年都會失敗。這時我就派上用場了，我會以帶領「RSE創投公司」企業家的方法加以協助。RSE是我和美式足球邁阿密海豚隊老闆史蒂芬・羅斯（Stephen Ross）共同創辦的公司，旨在協助「顛覆消費產業」的公司成長茁壯，例如張錫鎬（David Chang）創立的桃福（Momofuku）餐飲帝國等。張錫鎬是美籍廚師，父母在韓國出生，他的美食靈感來自於自己的韓國背景。

透過我以及我合作過的數百家企業和企業家的經歷（本書收錄其中許多人的故事），我發現，確實有個有效的方法可以不斷進步，一次又一次地成功，那就是把B計畫扔到水裡，**破釜沉舟**。

我說的「破釜沉舟」是什麼意思？

要想成就豐功偉業，就得讓自己沒有退路，沒有回頭的機會。你必須拋開備用計畫，勇往直前，不再被各式各樣限制成功的心態所干擾。我們的原始本能漸漸遭到一般常識取代，而一般常識促使我們制定應急方案。「難以預料」這句話在我們大腦中像無限迴圈般播放，也正因為我們平時太疏於運用自己與生俱來的導航系統，等到真要做出大膽行動時，第一個衝動就是用「備用計畫」扯後腿。換句話說，我們不再相信自己的直覺。然而建立安全網的行為，就是你被迫需要安全網的原因，如果你擔心自己不會成功，你就已經失敗了。

我就是活生生的案例，證明宇宙不會限制你的雄心壯志。要說我過去三十年裡學到什麼（為了擺脫貧困從高中輟學，去考試拿高中同等學力證明[4]，到登上《創智贏家》，幫助創業人士開拓事業），那就是：當你準備了退路，就不會成功。只要你迴避、猶豫，或屈服於各個角落冒出來唱反調的人，就無法成就豐功偉業。

3 Mark Burnett，英國電視製作人，曾任MGM環球電視集團主席。
4 GED，General Educational Development。

如果沒實踐「破釜沉舟」的哲學，我不會有任何成就。現在我準備透過這本書，傾囊相授，讓你也能辦到。

☑

小時候，我用盡全力，就是要離開皇后區那個地獄般的狹小公寓，然後我上了大學，讀了法學院，成為紐約市史上最年輕的新聞媒體秘書，在九一一恐怖攻擊中，我與朱利安尼市長[5]一起協助民眾。之後我擔任世貿中心重建工程的營運長，又成為美式足球紐約噴射機隊（Jets）業務營運執行副總裁、邁阿密海豚隊（Dolphins）副主席和 RSE 創投公司的聯合創辦人。

我一直覺得自己可以投身商界，但我發現自己在出乎意料的領域也能成功，從出現在《創智贏家》到主持自己的試播節目，再成為哈佛商學院熱門課程的高階主管教師。我見過三十年來每一任的美國總統，最近還得到教宗方濟各私下召見，因為我們都熱衷於促進人權。

但我也經歷過大大小小的失敗。我本來設想能以意氣風發的故事來揭開這本書的序幕：也就是在二〇二〇年秋天，我站在紐約證券交易所的講台，仰望飄揚的鮮橙色旗幟，上面印的標誌是我在經濟動盪下創立的新上市公司。我籌集二億六百萬美元，成立「全通路收購公司」（Omnichannel Acquistion Corp.），公司旨在發掘、併購極具潛力的消費電商，讓公司不斷壯大。為了實現這個目標，我組建由消費產業巨頭組成的董事會，日以繼夜地工作了好幾個月，除了得同時兼顧我的其他工作之外，還承受許多意想不到的壓力。我在紐約證交所敲鐘，CNBC（全國廣播公司商業頻道）也進行現場直播，結果隔天我就染上新冠肺炎和雙側性肺炎，當時疫苗甚至連個影子都沒有。

在我付出更多努力的一年半之後，就在我準備幫金恩保險公司（Kin Insurance）上市掛牌時，這筆生意失敗了。我可以把責任歸咎於經濟環境（通膨飆升、高成長股票大跌、公司最大的競爭對手〔也是比較點〕轟然倒下，整個保險科技產業因此蒙上一層陰影），但歸根究柢就是我失敗了。

5 Rudolph Giuliani，美國律師、檢察官、商人及共和黨的美國政治人物，在一九九四年至二〇〇一年間擔任八年紐約市市長。

我大可休養一番，重振旗鼓，決定只做必勝的安全專案。但我卻反其道而行，我選擇提高風險，離開《創智贏家》，冒險主持自己的節目，推出元宇宙基金，還寫了這本書。我的理念讓我相信，「全通路收購公司」的失敗是為了帶來更好的結果，所以我繼續努力，追尋更多自由和更大的自主權。我放棄海豚隊的職位，辭去好幾個董事會的職務，繼續更大規模地破釜沉舟，以尋求更高的回報。

這不僅是我的故事，每個故事都是這樣，這就是歷史。多數人以為，破釜沉舟的致勝策略出自西班牙征服者艾爾南·科爾特斯[6]，他在一五一九年從古巴航行到墨西哥的猶加敦海岸，試圖征服阿茲特克人[7]。但事實上，科爾特斯只是個滅絕種族的惡棍，可能一艘船也沒燒過。

真正功不可沒的人是孫子。他的著作影響了領袖人物千百年，他強調只要存有可能，就要以和平為重，並且將準備工作視為成功的最重要因素。孫子主張保持靈活的重要，這不僅是戰場上致勝的關鍵，也是董事會成敗的關鍵。

孫子的教誨啟發後世的戰士，包括凱撒大帝，他率軍從羅馬航行到愛爾蘭，準備征服英格蘭。船隻抵達岸邊時，他和部下看到敵軍人數更多，他們大可撤退。但凱撒決心完成任務，他想讓戰士以及即將面對的敵人知道，他們不考慮撤退，這一仗非得打個你死我活。「燒掉所有船！」凱撒一下令，他們就再也沒有回頭路。

更近代的案例是二〇二二年，烏克蘭喜劇演員出身的總統弗拉基米爾・澤倫斯基（Volodymyr Zelensky）遭到俄羅斯敵軍包圍，美國提議協助撤離。整個自由世界都認為，烏克蘭不可能挺過俄羅斯入侵，如果澤倫斯基不盡快放棄基輔，那就死定了。但是烏克蘭總統在廣播中拒絕美國總統拜登（Joe Biden）的提議，證明自己攻讀過歷史與心理學。他說：「戰場在這裡，我需要的是彈藥，不是逃跑。」

6 Hernan Cortes，殖民時代活躍在中南美洲的西班牙殖民者，以摧毀阿茲特克古文明、並在墨西哥建立西班牙殖民地而聞名。

7 Aztecs，位於墨西哥中部的中部美洲文明，存在於十四至十六世紀，為墨西哥的原住民。

澤倫斯基向對手俄羅斯和全世界表明，他已經自斷後路。他破釜沉舟，準備一決生死。事實證明，他堅定的反抗態度具有感染力，他就用這幾句話激勵了烏克蘭全國上下，最後還打動北約，一起對抗俄羅斯。

當年紐約噴射機隊經歷三連敗，打入二〇一〇／二〇一一季後賽的希望迅速煙消雲散，當時我和他們一起住在匹茲堡的飯店，擅長激勵人心的總教練雷克斯・萊恩（Rex Ryan）為了喚醒球員內心深處的渴望，講得慷慨激昂。雷克斯滿臉通紅，聲音嘶啞地分享孫子的智慧，兩頰也隨著每個字抖動。就像《紐約時報》後來的報導所述，「『他們燒了自己的船！』（雷克斯）大喊，『我只要求你們給我七週！』」

「噴射機隊的球員熱血沸騰地走出宴會廳，」《紐約時報》寫道，「有幾個球員說，他們當晚徹夜難眠。後來噴射機隊打敗鋼人隊（Steelers），是他們本賽季的精采凱旋之役。」

那一刻令人激動。我真心相信，「破釜沉舟」的比喻觸動球員內心的開關，激發他們也不自知的更深層潛能。此後我就忘不了那句話，因為我深知，早在我明白如何言喻之前，我的決策就遵循這個信念。

序：破釜沉舟

我不像孫子，我從未上過沙場，也不像身陷重圍的澤倫斯基，必須對抗敵人捍衛民主；但我的人生一路走來，卻有數次情勢險峻，危急不亞於戰爭。我不只在赤貧中長大，童年過得毫無指望。獨自撫養四個兒子的母親病入膏肓，在我眼前日漸衰弱，我才二十六歲，她就撒手人寰。我要像鄰里多數孩子一般淪落是很容易的，他們吸毒、坐牢、一事無成，很多人甚至早早過世。我的天賦在於我看到另一條路，也選擇踏上那條路。

我人生中所有成就，都要歸功於我在辛苦的高中歲月中就明白的事，救兵永遠不會來，宇宙也不欠我。人生只有一次，沒有人會幫我指引方向。

我在我投資的每個企業和我認識的每個成功人士身上，都看到這種行為模式。他們明白一切都得靠自己，別人做什麼不重要，甚至別人怎麼想也無關緊要。我將在接下來的章節討論，「相信自己的直覺並付諸行動」有多重要。人們的夢想會夭折，多半是因為猶豫不決，而不是迅速行動。當你躊躇不前；當你拐彎抹角；當你把注意力分散在實踐目標，和建立自以為需要的安全網之間，都讓人不得不問：你還在等什麼？

科學也證明了這一點。已知的研究結果教人不得不相信，備用方案會阻礙我們邁向成功，選擇太多反而讓我們動彈不得。

不確定自己採取的行動是否正確、時機是否恰當，或幻想身邊所有人早就想過你的好點子，這些都無所謂，但如果你懷抱這些疑慮，我保證你只會自毀前程。要訓練自己的心智在得到充分證據之前，或在直覺和數據的間隙之間把握機會，才能成功引爆潮流。學習自信地「破釜沉舟」，燒掉有害的「B計畫」，就能縮短思前想後與付諸行動之間的延宕，得到莫大回報。

「破釜沉舟」的準則貫穿本書三部：跳下水去（第一部）、斷絕後路（第二部），打造更多的船（第三部）。每一部的章節都深入探討一系列原則，我自己的經歷、合作公司的故事，以及證實開拓先驅直覺無誤的研究，都能支持這些原則。

讀完這本書，你就會準備好打破藩籬，活出你值得擁有的人生；沒錯，屆時你就能改變世界。無論你從哪裡開始，最重要的，就是作出下一個重大改變。準備好「破釜沉舟」吧。

PART 1

跳下水去

CHAPTER 1
相信你的直覺

CHAPTER 2
戰勝你的心魔和敵人

CHAPTER 3
往前一躍

CHAPTER

1 相信你的直覺

不了解我背景的人，聽到我高中輟學往往會大吃一驚。我們對中輟生有一種刻板印象，認為他們不上進，以後會徹底侷限未來的可能性。就像我高中的輔導老師貝克先生一樣「用心良苦」，他說我會毀了自己的人生，他堅稱我永遠甩不掉高中輟學的污名。

他不明白，沒有人明白。高中輟學不是因為我無法完成學業只好離開，而是我精心策劃的。我之所以能執行，是因為我看到未來的可能性，並全心投入，誰也無法勸退我。我相信自己的直覺。

請容我說明：我從小住在皇后區租金穩定[8]的小公寓，我和媽媽的生活非常辛苦。我小時候最大的夢想就是有足夠的錢，不必擔心晚餐的著落。我記得幾乎空空如也的冰箱只有餐肉[9]、吃剩的肉片和政府發放的乳酪——確切地說是二點二七公斤重的神秘乳製品，上面印著「美國農業部捐贈的美式乳酪」字樣。

每年的感恩節就是從敲門聲開始，門外是當地教區另一頭的神父。據我所知，我們不是虔誠的天主教徒，我根本不記得上次去教會是什麼時候，如果別人直接問我，我也不知道該如何回答。但我最早的記憶之一，就是我抓著媽媽的洋裝，透過門縫往外看，聽到她說，「你好，神父。」他沒問任何問題，表情不帶任何評判，也沒有任何羞愧的情緒。他遞上節日的食品時，我只感受到愛。這麼多年來，我始終記得他的善舉。

當時的日子很苦。在我九歲之前，父親就離開了，三個哥哥一湊到足夠的錢就離家。雖然媽媽的思路敏捷、文筆勝過學校課本，但她也只是高中輟學生，不過她是情勢所迫，不是自己刻意離開。她情緒低落、身體孱弱，因為膝蓋無法支撐她的體重，她越來越常坐在椅子上，體重反而與日俱增，最後重達一百八十二公斤。她的人生唯一誇耀之處就是，在拿到高中同等學力證明之後去皇后學院[10]上

8 rent-stabilized，為了保障低收入族群的租房利益，紐約市在一九六九年設立「租金穩定」制度，限制租金漲幅。

9 spam，自上世紀三〇年代以窮人美食的姿態在美國出現，隨戰爭被帶至世界各地。一般是由豬肉、雞肉、澱粉、鹽和香料混合而成的加工肉類。

10 Queens College，位於美國紐約市的一所公立大學。

課。她很喜歡那些課程，常讓我週六跟著去聽城市研究講座，我也聽得很高興。

我從那些課程中得到啟發，但是光是靈感無法支付帳單。我十歲就找到第一份工作，幫忙賺錢。我在街角賣花，也在當地跳蚤市場的叫賣廂型車上，販售十美元皮包。最後我在麥當勞找到工作，負責清理派對區桌子底下的口香糖。因為未成年，時薪最高只有五美元，遠遠不夠我們的生活。我看到當地消費高手免費週刊（PennySaver）上的廣告——僅限大學生，時薪九美元——我發現，也許不必等到十八歲才能達成這個目標。如果我能提前兩年擁有成年人的所有條件：進入大學、得到薪水更高的工作和自由……如果能這樣呢？

我十四歲時就意識到，傳統道路不適合我。我決定這麼辦，我要從高中輟學，不是因為我學習不好，也不是因為我不想上學，而是因為我迫切想逃離髒亂、沮喪的環境，立刻開創自己的未來。我制定計畫，打算兩年後，也就是十六歲就離開學校，那是法律所能允許的最小年齡，因為母親的經歷帶來的靈感，我決定鑽教育制度漏洞。雖然高中同等學力考試背負惡名，往往被視為下下策，但只要我拿到夠好的成績，就能在高中畢業前跳級上大學，找到更高薪的工作，提前解救我們母子倆，擺脫當時的恐怖生活。

我還記得高一時去參加申請大學講座晚會。我鼓起勇氣，走向幾所頂尖大學的招生官，請教我的計畫是否可行。「打擾了。請問如果有人高中都沒畢業，但拿到了高中同等學力證書，而且考得很好，你們會考慮錄取他嗎？我幫朋友問問。」

回答都是千篇一律的外交口吻，帶著洋洋得意的**優越感**和高人一等的假笑：「應該會吧。我們相信總要給人第二次機會，小夥子。」

有人了解我的打算嗎？不可能。我的朋友不明白，我的老師不明白，我的母親也不明白。但我兩年來堅守這個方向，直覺告訴我，每堂課都不能及格，我才能成功。如果成績差強人意，還拿到幾個學分，輔導老師就會無謂地出面干涉，竭力要我留在學校，補強課業。我的學業必須徹底完蛋，無可救藥。

我連續兩度摧毀九年級的課業，兩度留級，兩年都待在同一個班級，旁邊坐的都是腰間掛著呼叫器，選擇截然不同人生道路的高中毒販。無論我們有什麼原因，都被旁人看作是「失落的玩具」[11]。我有時在熟食店通宵打工，小睡片刻，看

11 misfit toys，引自一本兒童讀物《失落玩具的島嶼》(*Island of Misfit Toys*)，所有奇怪的、不被接受的玩具都會被流放到這座島，但島上的玩具都自認非常特別。

看諾曼・施瓦茨柯夫[12]上將在美國有線電視新聞網（CNN）的波灣戰爭簡報，中午才悠哉走進學校，但進學校時要閃躲訓導人員。除了打字課，我沒拿到任何學分。（我覺得那是有用的技能，時至今日，我每分鐘還能打九十多個字。）

我挖了一個深不見底的坑，除非實現我的遠大計畫，否則爬不出來。我自己製造危機。但是，有計畫是一回事，執行計畫又另當別論。當輟學的那一天到來時，我覺得自己是個徹頭徹尾的魯蛇。我記得去還課本給每個科任老師時，垂著頭的我丟臉至極，因為我在學校混不下去。我輕手輕腳走進自然課羅森塔（Rosenthal）老師的教室，遞上我從未翻過的書。

「希金斯，真是可惜了，」他鄙夷地說，目光直視教室裡的學生。「以後麥當勞見了。」

我的祖先多半來自愛爾蘭，所以我一開始感到尷尬，紅通通的臉孔就會更醒目（愛爾蘭人紅髮白皮膚，臉紅特別明顯）。我在三十五個哄堂大笑的少年面前溜到門口，整個身體都在發燙，我以為自己要暈過去了。當我轉動門把時，我突然鼓起勇氣，大聲說：「如果你在麥當勞看到我，那是因為我買下了麥當勞！」

我在高中聽到的最後一句話就是「噢，有人生氣了」和「你要酸回去嗎，羅森塔老師？」我踹開監獄的鐵門，迎向自以為是的自由世界。我最後一次坐在卡多佐高中（Cardozo High School）台階上，點了一根萬寶路香菸，暗忖：**糟糕，他可能說對了。**

我這步險棋成功了。兩個月後，我通過高中同等學力考試，暑假結束前，我已經申請到皇后學院，開始為眾議員蓋瑞·阿克曼（Gary Ackerman）助選，賺取時薪九美元。娃娃臉的我走進議員的臨時競選總部時，他們要求我證明自己是大學生。我拿出學生貸款本票，我就錄取了。我最後成為皇后學院的辯論隊隊長，競選學生會主席，我告訴校刊記者，我沒念完高中是因為「我覺得沒有挑戰性」，那是我當時的版本。後來我離開阿克曼議員辦公室，跳槽到紐約市長朱利安尼的新聞辦公室擔任研究員，此後我就不斷往前邁進。

12 Norman Schwarzkopf，美國陸軍上將，在越戰時擔任前線營長，在波灣戰爭擔任多國部隊總司令。

我坐下來寫這本書時，絞盡腦汁想著如何講述我的故事，思索「破釜沉舟」是否適用於每個人，或只適用於先天背景就有優勢的幸運兒。沒錯，我從小家境貧寒，生病的母親只能坐輪椅。即便如此，社會仍然賦予我「白人」和「男性」不可否認的特權。所以我為何努力在書中分享外貌、背景都與我大相逕庭的創業家的故事。無論他們在許多方面都跟我一樣，還是南轅北轍，我聽過這些故事之後發現，不管起點是什麼，答案都是相同的。根據你拿到的牌，人生旅程可能更長、更艱辛，但想要充分利用這副牌，藉此達到人生的最高峰，你就必須相信自己的直覺，付諸行動，全力以赴。

在內心深處，我們都知道自己擁有多少能力。我們看到自己未來的願景，卻沒有得到任何人的認可。傳統的觀念和外界壓力往往讓我們偏離航道，從我們長大到能夠表達直覺的那一刻開始，就被教導成要把直覺拋諸腦後，遵從管理我們的制度、機構，或聽從表現得更在行的專業人士。別人的建議可能會保護我們遠離災難（例如不要把鋁箔紙放進微波爐！），卻也阻止我們充分利用自己獨特的才華。

這整本書就是要告訴你，當你的直覺不符合所有人的忠告時，不要猶豫不決。

釋放潛能的關鍵，在於擁抱自己最大的競爭優勢：只有你最清楚自己的人生脈絡。你最清楚的就是**你自己**，當然會比別人更早看到自己的未來走向。

換句話說，如果你不相信自己，就會錯失出類拔萃的機會。

正如拉爾夫・沃爾多・愛默生[13]在一八四一年的文章〈自立〉（Self-Reliance，我常常反覆閱讀，從中尋找靈感）中寫道：「人應該學會捕捉和觀想從內心閃過意識的那道光，而不是詩人和聖賢口中的蒼穹光輝。然而他卻不假思索地否定自己的想法，就因為那只是他的想法。」

「傾聽自己的心聲」就是找到未來的方法，有四個原則可以幫你達成目標。

命運始於願景

在我而言，第一目標就是自由。我需要拚命掙脫高中的束縛。對你來說，什麼都有可能，但你必須先想到。你不可能實現虛無縹緲的目標，必須知道你想去

13 Ralph Waldo Emerson，美國思想家、散文家。

哪裡；才能制定出達到目標的計畫。最棒的夢想來自你的內心深處，這個雄心壯志與你對世界的獨特看法、你的天賦、才華和靈魂密不可分。

黃仁勳（Jensen Huang）是身價超過四百億美元的台裔美籍企業家，科技巨擘NVIDIA 的共同創辦人、總裁兼執行長，NVIDIA 創立至今已有三十餘年，黃仁勳之所以會成為頭條新聞，是因為他對未來的願景以人工智慧的力量為中心。然而NVIDIA 起初不是以此為願景。

NVIDIA 原本是電玩硬體供應商，開發個人電腦、Microsoft Xbox 等主機使用的強大繪圖晶片。這不是小生意。不同於書中即將介紹的許多公司，當時NVIDIA 已經是大企業，所以改變願景的風險更大。

二〇二三年十一月，黃仁勳在《紐約時報》舉辦的「交易錄峰會」（DealBook）上表示：「我喜歡活在擔憂即將滅亡的狀態中……我享受這種狀態。」黃仁勳早在賭注得到回報的十年前，就認定未來的關鍵不是電玩，而是人工智慧，也因此一直過得戰戰兢兢。二〇一二年，NVIDIA 的技術被用來訓練神經網路辨識影像。這是遊戲與人工智慧共用同樣技術的第一道曙光：用來繪製頂尖電玩中細節豐富的世界所需的強大、快速圖形處理器，在處理人工智慧所需的資訊時也同樣必要。

黃仁勳和他的團隊，包括 NVIDIA 副總裁布萊恩・卡坦扎羅（Bryan Catanzaro）都明白，他們在遊戲領域的成功，將在人工智慧大行其道時，為公司帶來極大優勢。由於黃仁勳深信人工智慧是未來的趨勢，因此他帶領公司調整方向，而且不再回頭。

NVIDIA 現在已經成為圖形處理器的製造商霸主，這些處理器可為開發生成式人工智慧模型提供運算能力，例如聊天機器人、人工智慧生成的視覺效果或整個虛擬世界，這還只是應用處理器快速成長的幾個例子。據估計，到了二〇三〇年，美國國內生產毛額有一成五以上將來自人工智慧，NVIDIA 正是實現這個目標的公司。

「四十年來，沒有任何事物有這麼大的威力，」黃仁勳在 Microsoft 年度科技盛會 Ignite 2023 上對觀眾說。「它影響深遠，勝過個人電腦、行動電話，網際網路問世也比不上，差遠了。」

《金融時報》寫道：「從 NVIDIA 的角度而言，電玩與人工智慧之間有一個有用的差異。即使是最狂熱的遊戲玩家，購買新顯卡的價格也有上限，但需要超級電腦擊敗 OpenAI 的公司，願意支付幾十萬美元。NVIDIA 占據利潤極高的談判優勢，即使這種優勢無法（永久）持續下去。」

目前超過七成的人工智慧晶片都來自NVIDIA，業務量超過美國整個遊戲產業加總，價值超過一兆美元，是全球市值第六高的公司。

我始終以身為NVIDIA投資者為榮，也在CNBC上自豪地宣稱該公司將成為人工智慧競賽的贏家。當年誰能保證黃仁勳的願景沒有錯？當然沒有，但這種事情從來都說不準。關鍵就是像黃仁勳一樣全力以赴，相信你自己勾勒的未來。

「你必須讓自己相信這沒那麼困難，」黃仁勳在財經網站「MarketWatch」採訪中說，「因為這比你想像的難多了。如果（帶著）現在的認知回到過去，然後我（說）要再重來一次，那就太難熬了。實在太辛苦了。」

其實不辛苦。對黃仁勳，對你而言都不辛苦，只要你相信自己的願景。

黃仁勳不是唯一的例子。像是芙芮迪·哈洛（Freddie Harrel）就為自己這樣的黑人女性描繪了新未來，她們希望透過頭髮展現自我，又不必忍受昂貴、費時、屈辱的過程。她希望接髮（全球黑人女性市場高達七十億美元）能夠簡單又有趣，然而假髮卻完全不是這麼一回事。戴假髮的女性常被迫感到羞恥，這件事讓芙芮迪義憤填膺，甚至覺得連「假髮」這個詞都帶有負面涵義。她和朋友厭倦自己唯一的選擇，竟是品質有待商榷的美髮材料行商品，以及不符合自己髮質的假髮。

芙芮迪募資兩百多萬美元，創建了 RadSwan，這家美髮新創公司改變黑人女性的髮妝用品市場，以擁抱、肯定自我來重新打造消費族群。她告訴我：「對於全球黑人女性而言，頭髮會傳達我們是什麼樣的人、處於哪個人生階段，頭髮是附加的另一套語言。」現有的品牌沒看出這一點，只有芙芮迪看到了。

還有一個例子：我的朋友布萊恩·切斯基（Brian Chesky）在二〇〇七年萌生創立 Airbnb 的想法時，懷抱的夢想是幫助人們利用自己的客房、沙發，甚至氣墊床賺外快。一年後，TechCrunch 網站報導這家剛成立的公司，第一則評論就是預示該公司會迅速失敗：「如果這種方法成為主流，這門生意反而會倒閉。」十幾年後，Airbnb 於二〇二〇年十二月首次掛牌上市，市值高達四百七十億美元。我的創投公司 RSE 本來有機會成為初期投資人，但我們放棄了，因為我們太過關注潛在的監管問題，而不是相信我的直覺，相信布萊恩會克服這些挑戰。這是天大的錯誤，也證明了無所作為的代價遠超過失敗。

我在 RSE 的合夥人史蒂芬·羅斯也曾懷抱眾人都不看好的夢想，他是房地產開發商、邁阿密海豚隊老闆、富比士億萬富豪榜第二百六十七名，淨資產高達一百一十六億美元。哈德遜鐵路園區（Hudson Yards）曾是曼哈頓鐵道舊址，近五十年來一直是曼哈頓島西側的荒地、紐約市景觀的污點。市長和州長提出的一連串重建計畫，每個都失敗，原因就是缺乏預算，而且很少有人願意投資這片廢墟，因為此處遠離地鐵，沒有足夠的人潮。我和那塊地頗有淵源，我曾受僱於紐約噴射機隊，負責領軍在哈德遜廣場建造新足球場。最後努力付諸流水，成為「鄰避效應」[14]的犧牲品。洋基隊數度試圖在該址興建新球場，紐約市多次規劃在當地蓋體育館申辦奧運，最後還有廠商計畫興建辦公大樓，卻因為二〇〇八年金融危機[15]而退出。

史蒂芬看到別人看不到的東西，那就是從頭打造全新社區的機會，這個多用途開發案可以囊括辦公大樓、表演空間、公寓、商店、餐廳、廣場，以及吸引人潮來到這片新天地的高聳公共藝術傑作。這會是一九三九年洛克菲勒中心[16]以來，紐約市最大開發案，最後耗資兩百億美元。這個目標之所以能實現，是因為他扛起幾乎不可能的任務，包括辛苦的談判、在地鐵線上大興土木所面臨的複雜工程挑戰，可能拖垮整個企業的金融危機和疫情。是他清晰的真知灼見，成功完成這個計畫。

這本書收錄各式各樣鼓舞人心的例子：克莉絲汀娜·托西（Christina Tosi）的夢想是為世上每個人烘焙餅乾；蘿倫·布克（Lauren Book）利用自己童年遭受性虐待的創傷幫助數百萬人改善生活；羅莉·塞格爾（Laurie Segall）的使命是創辦媒體公司，將元宇宙介紹給社會大眾（與過去主導科技領域的「兄弟」文化相抗衡）等等。源自個人經歷的內在動機，是我們所擁有的最寶貴資源。我們夜深人靜之時懷抱的願景，沒有一個是黎明破曉之後無法追求的理想。但是前提是，我們必須先同意自己去看，然後再付諸行動。

趙華勝（Zhao Huasheng）是好特賣超市（HotMaxx）的共同創辦人，「好特賣」是連鎖超市，在中國各大城市開設數十家分店，以超低折扣銷售即將過期的食品，

14 NIMBYism，指公共設施產生的外部效益為大眾共享，帶來的風險和成本卻由設施附近居民承受，造成社會生態的不和諧，空間利益分配結構失衡，導致地區房地價下跌，因此極易引發居民抵制，不但阻礙公共設施的建設，而且影響社會穩定秩序。

15 一場在二〇〇七年八月開始浮現的金融危機，直到二〇〇八年九月，這場金融危機開始失控，並導致多間相當大型的金融機構倒閉或被政府接管，引發經濟衰退。

16 Rockefeller Center，坐落於美國紐約州紐約市第五大道的一個由數個摩天大樓組成的城中城，由洛克斐勒家族出資建造，設計者為雷蒙·胡德（Raymond M. Hood）。

成為中國即期食品業界的佼佼者。趙華勝發現，他可以幫忙解決浪費食物的問題，又能迎合消費者想省錢的願望。

「如果沒賣掉，尚未到期的食物到頭來會變成垃圾，造成環境的負擔，」趙華勝告訴中國環球電視網。「我們要把品質有保證的食品還給市場，提供給需要的人。」

中國在二〇二一年通過了《反食品浪費法》，趙華勝也是因為這層擔憂才創立「好特賣」。該公司已和五百多家知名食品品牌達成獨家協議，在店內銷售其產品，並與星巴克等公司達成協定。即期食品不是新鮮事，但是必須有人看到這個機會，加以把握。

美國也有類似的企業，現年二十九歲的阿比．拉米敘（Abhi Ramesh）創辦「醜食市場」（Misfits Market）。「醜食市場」寄送折扣農產和醃製品到美國各地，為消費者節省開銷，幫助解決食物浪費問題。該公司已經募得超過三億美元，市值達數十億美元。當初阿比與女友在農莊摘蘋果時，看到地上有輕微破損的水果，詢問農莊主人之後得知，超市不收這些水果，他不明白這些不美觀卻可食用的蘋果為何被扔進垃圾桶，因而靈機一動。這個洞見的由來值得深思，因為這也點出過去累積的經驗的重要性。

阿比告訴我：「一路走來，我始終在別人不以為意的地方找價值。」高中時，他看到同學因為學年結束，丟掉再也用不到的課本。他便以原價三折的價格買下，用六折的價錢在Amazon網站上轉賣，投資翻倍。後來取得華頓商學院的學位，他到不良債信避險基金公司上班，從財務困難的企業中挖掘有潛力的公司。他說：「我天生擅於尋找隱藏價值。」所以他看到地上的蘋果，已經準備從中獲利。這個想法符合他的人生願景，他志在挖掘各種價值。

阿比明白自己想實現的目標，因此讓他接受願景並不難。你看到自己的願景時，是否也能火眼金睛地識別呢？我與哈佛商學院的學生會談時，他們問我該去哪家私募股權投資公司或加入哪家顧問公司，但我都告訴他們先退一步。

「我不想聽你說想要成就什麼樣的未來，我想知道你想成為**什麼樣的人**。」

這種生命意義的問題才應該是人生的動力。阿比說，找到隱藏的價值是他的動力。我的當務之急則是不受干擾地提高自己採取行動的能力，方法就是得到更大的自由和自主權，當時我雖然沒有自由也沒有自主權，卻擁有這股衝動。你呢？

為了揭示內心深處的動機，你可以對自己提出不好回答但至關緊要的問題：

- 我需要什麼特質，才能讓自己成為我尊敬並敬佩的人？
- 我希望時間能用來白手起家，還是實現別人的願景？
- 我能忍受未來不確定的風險，還是需要預見未來才能成長茁壯？
- 我比較喜歡思考或行動？
- 我喜歡與人互動，或是人際往來讓我筋疲力竭？
- 我什麼時候最快樂？怎麼做才能再次感受到那種快樂？
- 我希望我的墓誌銘怎麼寫？

就某種程度而言，擁有具體答案不如思考這些問題來得重要。我發現多數人之所以感到漫無目的，是因為他們在旅程剛開始時跳過「自省」這一步。如此一來，當他們到達目的地時，便會感到迷茫，因為事實證明他們踏上錯誤的旅程。

所以我們需要花時間釐清想法，看看自己的願景。

接下來就是信任自己看到的願景。

數據是其次，做個「直覺三明治」

史都華．蘭茲伯格（Stuart Landesberg）希望創立消費品公司，這家公司可以讓人們實踐他們所支持的價值觀。他認識很多人都想保護環境，可是一旦涉及我們所依賴的日用品時，便利性就主宰了我們的選擇。多數人都會自動選擇最常見、最好找的品牌，然而在多數情況下，這些品牌卻不是對環境友善的最佳選擇。史都華認為，世上應該有一家公司專注於製造對環境友善、更健康、不含一次性塑料的產品，例如洗手乳、衛生紙和洗衣粉。他辭去私募基金的工作，致力於實現這個使命，但在超過一年半的時間，他向一百七十五位投資人推銷，遭到一百七十五次拒絕，沒有一個投資者看到他的願景的潛力。

遭到這麼多次拒絕，大部分的人都會得到以下結論：市場已經透過指定代表（也就是收益導向的創投界）作出回應，訊息響亮又清楚，那就是沒有人想要葛羅夫公司（Grove Collaborative），這是他自己取的名字。史都華卻認為，他只是還沒找到合適的開明投資者。他知道，除非這家公司已經成為市面上不可小覷的潮流，否則不是每個人都看得到「葛羅夫」的未來。但他需要**一個**投資人，一個有先知灼見的人，或至少相信史都華看到願景，並且肯放手讓他證明自己的眼光。

史都華遵循雅各．里斯[17]的雋永建議：

> 當我感到無助，就去看石匠敲打石頭，也許敲打一百次，石頭還是毫無裂縫。但敲到一百零一次，石頭就裂成兩半，我知道不是最後一擊讓石頭裂開，而是之前敲擊累積的成果。

史都華做了多數創業家都不好意思做的事。他又聯繫拒絕過他的某個投資人，「牛棚資本」（Bullpen Capital）的保羅．馬蒂諾（Paul Martino），再次迎向挑戰。「我知道他快答應了，」史都華告訴我。「他想出手，但他的隊友阻止他，反正就是諸如此類的原因。我告訴保羅，『我想和你合作。我知道你們一直拒絕，但總有個合適的價格。』」

史都華嗅到雙方應該是天作之合，因此不惜代價都想爭取。「『牛棚』的專長就是看來有點醜怪的好公司，」史都華回憶道，「就我們而言，當時電子商務非常過時，我們也不符合任何熱賣風潮的模式。『牛棚』就是負責敲定不酷的交易……販售清潔用品到最近，才好像……有點酷。」

保羅提出史都華尚可接受的價格。他說：「對『牛棚』和我們都很公平。」經歷一百七十五次的拒絕之後，他終於談成協定。如今五年過去了，史都華成為環保風潮的英雄，「牛棚」很慶幸史都華堅忍不拔，而且葛羅夫公司也上了頭條。截至二〇二三年，該公司的銷售總額將達到四億美元，最近還在英國億萬富翁理查·布蘭森（Richard Branson）的支援下，以十五億美元的估值上市。

各種數據都要史都華放棄，他卻不妥協。最優秀的領導人下的決策看似背

17 Jacob Riis，丹麥裔美國社會改革家、記者，攝影師，對二十世紀初的美國城市改革有莫大貢獻。

後有數據支撐，其實是我所謂的「直覺三明治」：把數據夾在無法單純用數字證明的洞察力和直覺之間。顛覆遊戲規則的想法包含太多元素，無法簡化為公式。賈伯斯（Steve Jobs）在我們意識到之前，就知道我們想在口袋裡裝下一萬首歌。Stitch Fix 的創辦人卡翠娜・雷克（Katrina Lake）比任何人更早發現時尚訂閱服務的可能性，因而成為有史以來最年輕的上市公司女性創業家。貝佐斯（Jeff Bezos）創辦網路書店，在少有人預見之際，就將公司發展成雲端運算公司、雜貨店、自動駕駛汽車公司（Amazon 二〇二〇年收購了自動駕駛新創公司 Zoox）等。

這些舉措的根據不是來自數字和統計資料。我們可以稍後集結那些助力因素，但領導者靠的是據稱有證據的直覺。賈伯斯在音樂方面本可循序漸進，增加他這個版本的 SONY 隨身聽的 CD 容量。但身為樂迷，他從問題下手，逆向尋找解決方案：如何隨身攜帶我所收藏的數百首披頭四歌曲？二〇〇一年，他上台，將手伸進牛仔褲口袋，第一次向全世界展示 iPod。

《創智贏家》夥伴卡翠娜・雷克直覺知道，許多消費者難以在無窮無盡的選擇當中找到中意的衣服。透過 Stitch Fix，她重新構思「人人都有購物顧問」的概念，而不是富人才能享受，然後將這個想法發展成精心策劃的服飾電商，如今該公司每年營收接近二十億美元，後來有許多公司模仿這種幫忙挑選寄送的模式。

一般而言，Amazon成為全球最大的圖書零售商，貝佐斯就該自滿了。**專注於自己的目標，盯緊最重要的事情。缺乏集中力和清晰思緒會削弱你的成就**。但貝佐斯有更深刻的見解，就是他所謂的「第一天」：如果他創建了日不落的企業，而這家公司每天都有機會拓展到新領域，那會怎麼樣？他聽從心聲，二十年之後，他就算不是世上最富有的人，至少也有前五名。

我們RSE決定投資喬丹娜·基爾（Jordana Kier）和艾莉克絲·弗利曼（Alex Friedman），她們認為，如果女性更了解自己把什麼東西放入體內，一定會湧向致力生產百分之百有機產品的女性衛生用品公司，更遑論該公司的企業文化注重坦率、消除羞恥感。她們偶然間看到衛生棉條盒子背面一長串成分表，以及「可能含有」的字樣時才恍然大悟，因為她們絕對不會自願讓身體接觸到這些物質——包括漂白劑。沒有任何資料支持她們的看法，事實上，持懷疑態度的投資家堅稱這個領域沒有市場，因為包括寶潔公司在內的三巨頭主宰這個領域，而且研究指出女性有根深柢固的使用偏好。結果研究結果錯誤，至少不夠完整，因為沒有人對女性提出過正確問題。

「多數創投公司和女性護理品牌的領導者都是男性，而且向來如此。」艾莉克絲向我解釋。「我知道有這個問題，因為我親身經歷！我不知道傳統衛生棉條含有什麼成分，這讓我覺得不受尊重。我之所以重複使用同一個品牌是出於惰性和缺乏選擇，不是因為我有品牌忠誠度。我覺得其他女性也和我有同樣感覺，行為模式也一樣。如果有個品牌的經期護理產品成分透明、取得方便，而且這個品牌還能引起我的共鳴，我會立即更換。我們和其他女性的對談證實她們也會這麼做。我們與數百位對女性護理品牌暗自感到不滿的女性談過。她們的回應證實了我們的直覺，於是我們創立了ＬＯＬＡ，為她們，也為我們，解決真實存在的問題。」

四年後，ＬＯＬＡ的產品在每家 Walmart 超市都能看到，與領導品牌並列，而且市占率與日俱增。艾莉克絲和喬丹娜的直覺無法打動傳統企業，因為數據堅稱，多數女性滿足於現有產品。但兩個創辦人知道，資料無法說明一切，受訪女性支持她們的信念，艾莉克絲和喬丹娜也因此有前進的動力。數據往往只是防止自欺欺人，不會（也不應該）成為拍板定案的指標，其實研究經常是人們還沒開始就放棄的理由。當直覺告訴你，你找到重大發現，就不要讓數字阻撓你，也不要害怕到天涯海角尋求支持。

另外還有更重要的一點，來自我與「金恩保險」（Kin Insurance）聯合創辦人兼執行長尚恩·哈波（Sean Harper）的對談。如果只依賴資料數據，我們非常可能質疑自己。資料可能有誤，或對資料的分析可能有瑕疵，以致方向錯誤。「只要跟著感覺走（也就是直覺告訴你的事情），你就不會質疑。」尚恩堅稱。「不能質疑自己的感覺，這麼一來，無論作出任何決定，都能讓你覺得極為平靜。」

喬丹娜和艾莉克絲並未無視自己的直覺。她們對自己長年使用的女性護理產品深惡痛絕，知道其他女性一定也有相同感受，結果她們一點都沒錯。多數人都說服自己不要相信直覺，但尚恩·哈波和LOLA創辦人這些成功人士卻不一樣。

相信自己的直覺就像鍛鍊肌肉——日積月累下來，直覺會更強大

全力以赴、破釜沉舟的人生並不容易，主要是因為不只要作一個正確決定。要維持成功，就得不斷採取行動，接二連三地作出抉擇。《創智贏家》的凱文·歐勒利（Kevin O'Leary，又名「奇妙先生」）剛開始創業時，是與別人共同創辦

教育軟體公司。他大可留同一個業界，成為那一行的巨頭，他卻運用過去的經驗跳槽到私募股權和創投，然後上電視，先在加拿大發展（龍穴〔Dragon's Den〕，加拿大版的《創智贏家》），後來到了美國。凱文建立跨行業的企業帝國，甚至進入加拿大政界。

蘿莉・葛雷納（Lori Greiner）是另一個成功案例。起初她是發明家，設計耳環收納器並申請專利，後來被連鎖百貨公司「傑西潘尼」（JCPenney）相中，一躍成為電視名人。如今她為最暢銷的家用發明申請一百二十項專利，並且創造、銷售八百多種產品，在電視上大放異彩，現在甚至成立了自己的電視製作公司。即使已經雄霸一方，兩位評審也沒有停滯不前。

我曾是在紐約市長辦公室上班的高中輟學生，當時我大可認為那份工作就能讓我放鬆心情，相信自己的人生已經回到正軌，我卻不想就此止步。直覺告訴我，進步空間還很大。首先，我知道自己得洗刷高中輟學的污名。就我的先見之明看來，我不希望這件事成為絆腳石，所以當我拿到皇后學院的學位之後，決定晚上半工半讀上法學院。福坦莫法學院（Fordham Law）的學位可以讓履歷更上一層樓，如果我不僅拿到大學學位，是名校畢業的律師，還上過《法學評論》（*Law Review*），就沒人能拿我高中輟學的事情說嘴了。

當時，我還要求市長辦公室提拔我，即使只有二十三歲，我想成為副新聞秘書。我知道自己的表現配得上這個職位，而且薪水會大幅提升，讓我們母子更快脫貧。上司考量我比較年輕，要我繼續等，畢竟我前面還有其他更年長、資歷更久的同事。這時直覺要我作出另一個大膽選擇：辭職。

你必須掌控自己的人生，不會有人為你伸張正義。如果你自覺遭到剝削，或被人耽誤大展身手的時機，你不能暗自惱火，等待別人的認可，或者更糟，沉浸在自怨自艾中。複利法則既適用於金錢，也適用於點子和成就。你實現新目標的速度越快，後半生就有越多時間收穫大幅增長的成果。所以音樂劇《漢彌爾頓》（*Hamilton*）的伊萊莎懇求丈夫：「你為什麼要拚命寫，彷彿來日不多？」亞歷山大·漢彌爾頓之所以振筆疾書，是因為他意識到我們的時間只會越來越少。

我不會在市長辦公室天長地久等下去。我必須加快速度，才能篤定並永久地擺脫貧困。於是我在紐約人壽這家大型保險公司的政府事務部找到工作，他們除了幫忙支付法學院學費之外，還給我較高底薪。市長辦公室媒體部的同事說我作錯決定，但我還是去了。我當然要走，我的未來與他們無關，只有我得為自己的選擇負責。

那份工作枯燥無味，令人喪志，是我第一份也是最後一份朝九晚五的工作，四個月後，市政廳打給我，請我回去擔任副新聞秘書。這步棋得到回報，我如願以償地升職，而且靠的是能力，不是年齡，加薪幅度雖然不夠付法學院的學費（最後我還背了一堆助學貸款），但至少足以照顧我的母親。

當時我還不知道，我所遵循的模式與我職涯中所見的其他人如出一轍。我不知道，不畏艱險、勇往直前不只是我特立獨行的處世態度。事實證明，這種態度確實有效。我在「沃特保健」（Vault Health）聯合創辦人兼執行長傑森・費爾德曼（Jason Feldman）的職涯中看到同樣的直覺，「沃特保健」是用唾液檢測新冠肺炎的領先企業，與世界各地政府和民間團體合作拯救生命。

在醫療保健領域扭轉乾坤之前，傑森涉足各行各業。他的第一份工作是在美國國務院，但很快就跳槽到零售業，從「家得寶」（The Home Depot）到「美體小舖」（The Body Shop），再到「漢斯」（Hanes），然後又到 Amazon，負責 Prime Video Direct，幫助影片創作者在串流平台 Prime 上播放作品。

傑森即將成為減重巨頭珍妮・克雷格瘦身公司（Jenny Craig）的執行長時，一場會面改變了傑森的人生軌跡，他後來和這些人共同創辦「沃特保健」（Vault Health）。這家新創公司即將進入男性保健領域，他們認為男性應該更注意心血管健康，並且計畫用遠端醫療實現這個目標。他們的使命鼓舞了傑森，他成為該公司的共同創辦人，負責公司營運。一年後，新冠肆虐。

傑森回憶：「就在我們投入大半行銷預算，正式推出公司核心產品的那天，股市崩盤。」他們不得不改變策略，而傑森整個職涯就是一連串的改變，他正是最合適的人選。傑森偶然發現羅格斯大學（Rutgers University）的唾液檢測試劑，判定這種試劑一定有機會打進市場；因為有些人害怕鼻咽快篩，畢竟快篩棒必須擦拭鼻腔後方，幾乎得深入腦袋，這時唾液試劑就能派上用場。

他想方設法讓數百萬人使用唾液檢測，與各州政府和體育聯盟建立合作關係，為他們進行檢測。除了多年來持續轉換跑道的人，誰有信心不顧一切，想出解決辦法？「我在職場上追逐每個機會，這幫助我善用每次成敗中習得的獨特技能，打造自己的行動策略，」傑森告訴我。「我還記得，早年有位經理在績效考核中說我是『通才』，導致我很沮喪。那位經理花了許多年慢慢往上升，還說我若不集中精神精通某個領域，以後將一事無成。但我心裡的職涯規劃卻截然不同。」

當大規模傳染病肆虐時，這種職涯規劃就有收穫了。

傑森不斷轉換業種，讓我想起自己的故事。回到市長辦公室擔任副新聞秘書之後，我再次離職——但當我加入的新創公司失敗時，市政廳請我回去，這次則是擔任媒體秘書。當時我只有二十六歲，市長的任期不到一年就要結束，團隊成員紛紛棄船，準備另謀出路。我不知道該如何做這份工作，這個差事和白宮新聞秘書一樣，都是全美國最難勝任的媒體職務，掌管世上最大量的市政新聞業務，一天二十四小時都得接電話，馬不停蹄處理一場接著一場的災難；同時我暗自過著羞於啟齒的髒亂生活，我要幫母親洗澡，晚上還得去上法學院，但我知道自己非得試試看。

機會不是取之不盡、用之不竭的，一旦看到，就得好好把握。身為紐約市史上最年輕的新聞秘書，我自覺往後事業肯定扶搖直上。這是不可能的任務，但我真心以為，接下這份工作就是我人生中最後一個艱難決策。此後我與高中輟學無關，自我介紹的第一行會是「最年輕的新聞秘書」，除非我再闖出更好的成績。我清楚看到自己理想中的未來：我燒斷所有後路，在短短十年內，成功讓自己和母親擺脫貧困生活。

結果卻略有出入。

你的直覺會拯救你——即使一切都分崩離析

那是二〇〇一年四月二日，我上任第一天。我很興奮，因為我終於掙夠錢，可以僱人幫忙照顧母親，甚至有個自己的小窩，終於可以邀約對象回家。我媽的狀況越來越糟糕，然而人生若是無止境的惡夢，就容易忽略情勢惡化的徵兆。現在回想起來，那天早上，媽媽的臉幾乎發紫，我卻只看得到她的氧氣罩和空空如也的帳戶。我一直努力賺錢，但照顧她的費用透支我所有薪水，我已經請不起照服員來幫她洗澡。我們一無所有。當年我二十六歲，覺得壓力快讓我沒頂，新聞秘書的新工作原本應該是我的救生艇才對。那天早上，媽媽說她不舒服，央求我留在家裡，但她一直都不舒服，而我第一天回市政廳上班，一定要準時。

我衝上曼哈頓市中心市政廳前門的大理石台階，看來隨處可見的年輕警員克里斯操著布魯克林口音幫我開門，和我擊掌打招呼。

「麥特小子，你回來了！」

我在角落的辦公桌前坐定。上午十點，辦公室主任安琪拉．班克斯（Angela Banks）大喊，「麥特，你媽打來。」

她叫了救護車，她呼吸困難。

我的第一反應是如釋重負。終於有人可以接手幫我分攤重擔，做什麼都好。我告訴她，我直接去皇后區醫院找她。

我順路回到可悲的小公寓，幫媽媽收拾幾件衣服，一廂情願地以為她會住個幾天，因為之前去急診室都無疾而終，最後我又推著她的輪椅上車。我抵達醫院時，救護車停在路中間，車門開著，這是第一個大事不妙的不祥徵兆。

我永遠會感到懊悔，我竟然浪費了那寶貴的幾分鐘回家。

「我很遺憾，」我趕到醫院時，櫃台接待員對我說。「她五分鐘前去世了。」

我在職場最成功的那天，也是我人生最糟糕的一天。小時候，我拚命想拯救母親。直至今天，這仍是我一生最大的失敗，也是永遠無法癒合的傷口。有些事情就是無法釋懷。

母親的痛苦在那天早上結束了，但我從她這輩子學到的精神卻長存我心。首先，我非常同理在赤貧或殘疾壓力下努力改善生活的人；其次，我後來也謹記這個教訓，就是沒有人能保證結局幸福美滿。

花無百日紅——就某種程度而言，人人都會遭遇各式各樣的挫折，如果希望達到偉大又有意義的目標，更無可避免。遭逢逆境時，你只剩下自己和一路走來的決策。就像金恩公司的尚恩·哈波所說，你不能質疑直覺。信任自己的直覺，才能活得無怨無悔。對我來說，無論母親發生什麼事情，我依舊得面對自己往後的人生。如果當初沒從高中輟學，我現在會是什麼樣子？母親還是會死，如果沒有我不斷增加的薪水支付她需要的護理費用，她可能死得更早。我又會落到什麼田地？我進不了市長辦公室，可能連大學都上不了。童年的創傷可能限制我成年之後的成就，我會怨恨母親糟蹋我的潛力。

現在，我雖然心碎，我的職涯卻有希望。

當你一步之差就會崩潰時，你會怎麼做？繼續向前走。沒有人比卡莉・楊（Kaley Young）更能證明這個道理。當她和兩個手足綺拉和克利斯提安推開《創智贏家》著名的木門時，卡莉有太多事情要面對。母親因為乳癌病危，她十九歲就從大學輟學。她幫助消防員父親基斯撫養兩個弟、妹，後來基斯也得了癌症，因為他曾在紐約世貿中心遺址參與救援，我極有可能在九一一事件後負責新聞時與他有過交集。

基斯公餘對烹飪充滿熱情，他上過《美食頻道》（*Food Network*），在獵人燴雞比賽擊敗廚師巴比・弗雷（Bobby Flay），他也富有創業精神，發明新型砧板，砧板旁的托盤可以掛在檯面邊緣，盛接殘渣和湯汁。基斯多次遭到拒絕之後，終於拿到《創智贏家》的入場券……卻在三個月前辭世」。

仍舊傷痛萬分的卡莉大可把信扔進垃圾桶。但她決定繼承父親的遺志，用他留下的發明改善家庭環境。她帶著她撫養的弟弟妹妹一起飛往洛杉磯上節目。那一刻很令人激動，我真想跳起來保護卡莉，告訴她一定能挺過去，一切都會好轉。

那個砧板很出色，但這個家庭需要幫助。基斯投資製作大量砧板的工具在他生病期間生鏽，光是製作新工具、行銷產品就需要三萬美元。我們請他們出去，讓我們討論幾分鐘。我和馬克・庫班[18]商量，我們五個評審計畫支援這個家庭，共同拿出十萬美元購買該公司兩成的股份，並將所有收益捐給因為九一一事件染病的消防員眷屬。我們同心協力，實現這個家的夢想。

不出三個月，戴蒙德・約翰[19]的團隊就為他們安排與廚具、家用品公司「Williams-Sonoma」會面，如今這個產品已經是整個連鎖店最暢銷的砧板。現在

18 Mark Cuban，達拉斯獨行俠籃球隊的老闆、電視名人。
19 Daymond John，美國商人、投資者和電視名人，創立服飾品牌FUBU。

卡莉和家人經濟穩定，這個故事令人難以置信，這都要歸功於她即使遭逢難以招架的悲劇，也不肯停下腳步。卡莉全力以赴，也得到回報。

生活環境不代表你的人生已經成定數。我的出身看似注定要失敗，「相信直覺」卻為我帶來活路。卡莉也一樣。我們都有直覺，真的。只要你傾聽內心的聲音，哪怕那聲音小到拚盡全力才能被你聽到。

CHAPTER

2 戰勝你的心魔和敵人

如果你像我一樣，小時候也許曾想像，等你老了（好比三十歲）就會有無窮無盡的知識，幫助你在這個瘋狂的世界中確定方向。到那時，你會克服童年創傷，馴服所有妨礙你前進或逼你作出錯誤選擇的心魔，而且你對凡事都有答案。你會變得冷靜、穩重，非常沉著。

唉，我一直等待那神奇的一刻。

別誤會，我應付危機遊刃有餘。處理完媒體對九一一襲擊的反應之後，我在世貿中心遺址住了兩年，全天候幫助紐約市重建，怎麼可能會覺得自己無法面對各種挑戰？我率領團隊建造九一一紀念館，同時完成法學院學業，接著出乎意料地接到紐約噴射機隊來電，邀請我接手他們在曼哈頓西側建造新足球場的艱鉅任務。他們希望此處成為紐約申辦二〇一二年奧運的關鍵，我在紐約市政府的工作經驗使我成為最佳人選，雖然紐約申奧最後失敗了。而儘管我的事業蒸蒸日上，個人生活在許多方面卻是苦苦掙扎，但當時的我並未意識到。

我成為噴射機隊的高層主管，最終負責整個球隊的業務。我手上有個新交易、一個三個月大的兒子，和布魯克林高地一間漂亮公寓。我終於覺得安全、快樂，甚至稍稍覺得走出傷痛，我以為自己已經克服童年的悲劇。

接著我罹患了睪丸癌，可能與九一一事件後暴露在世貿遺址有關。經過數週的痛苦、拒絕承認，醫生判斷我長了巨大腫瘤。雖然我命在旦夕，卻只想到如何隱瞞病情。我對自己坎坷的出身感到羞恥，極度沒有安全感，我害怕表現出軟弱。我確信，如果有人知道我罹癌，新職位的聘僱契約就會一筆勾銷，而這份差事能給我帶來我從小渴求的安全感。儘管我知道自己已經向球隊證明我的價值，還是擔心瞬間失去一切，回到皇后區骯髒的公寓，吃政府配發的起司。

切除睪丸手術後我只休息一天，就回到工作崗位，橫過腹部的八公分傷口都還沒結痂。我和一群教練一起參加噴射機隊的晚宴，我逼自己下床，扔掉止痛藥，決心證明自己仍然戰無不勝。我走進私人宴會廳，噴射機隊總教練艾瑞克·曼吉尼（Eric Mangini）正在款待一桌的下屬。我裝作若無其事地拉開椅子，彷彿什麼都沒發生過。我兩腿間放著一大袋冰塊，不可能不引起注意。我舉杯祝酒，講出新座右銘，這句話很快就成了我的招牌：一顆睪丸，兩倍陽剛。

當時我以為自己是堅忍不拔的英雄——現在想到那晚就尷尬，我只展示出自己的軟弱。我向所有下屬傳達一個訊息：如果我術後休息一天就上工，你們最好也把自己的痛苦丟在一邊，給我咬牙忍下去。我現在知道，當時的我不是個稱職的領導人，我苛刻、不妥協、死板——因為我對自己就是這樣。如果你對自己不能表現出同樣的善意，就無法設身處地為他人著想。我不相信有人會寬容我、對我網開一面、接受我不是超人。我錯了。

無論我們有多大的成就，很容易說服自己，這還不夠，**自己**還不夠好，而且禿鷹虎視眈眈，就等我們露出弱點。無論是否真有這群禿鷹，或這只是我們腦中的聲音，都不能讓它們打擊我們的自尊。在破釜沉舟之前，我們必須充滿自信，不要害怕有人試圖摧毀我們。我們必須從那些試圖生吞活剝我們的人手中奪回力量；從過去的恥辱和失敗中奪回力量；從內心深處奪回力量，消除所有疑慮，為了成功，我下定決心努力工作。這一章涵蓋的原則對於克服過去、準備迎向無窮的未來至關緊要。

擊潰黑粉——在愛的支持下呵護你的靈感

二〇一六年，張錫鎬初次決定在紐約西桃福餐廳推出「不可能漢堡」（Impossible Burger），當時遭到強烈質疑。包括《紐約郵報》在內的記者都告訴他：「沒有人想吃素食漢堡。」《紐約郵報》專欄作家兼美食評論家史蒂夫·庫佐（Steve Cuozzo）寫道，「派翠克·O·布朗（Patrick O. Brown）的『不可能食品』實驗室花了五年、八千萬美元，研發出我連八毛美元都不肯付的漢堡，更何況要我花十二美元去西桃福餐廳吃了。」

我站在記者會角落看著張錫鎬介紹漢堡，旁邊就是史蒂夫·庫佐，我乖乖吃了一個，心裡卻有同樣的想法。我成年後就開始為體重所苦，一看到「不可能漢堡」的熱量與普通漢堡差不多時，真不明白怎麼會有人想吃。要嘛不吃，要吃就吃真材實料，對吧？但我是張錫鎬的忠實夥伴，他預測這種食品將掀起巨大社會變革時，我也只能微笑同意。

當時我和其他人並未充分認知到，隨著氣候危機高漲，純素食的環保趨勢即將席捲全球。張錫鎬比世上多數人更早意識到這個威脅，他知道肉類有害地球環境，人們會轉而尋求其他替代品。「西桃福」成為第一家與「不可能食品」簽約的餐廳；事實證明，張錫鎬的直覺完全正確。也因為我們初期就採用，獲得了該公司少量股權作為回報。即使在《紐約郵報》宣布他們不會為這種食品支付八毛美元，持不同意見的投資者仍堅定支持。四年後「不可能漢堡」市值高達四十億美元——我寫這本書時，該公司又拿到五億美元的融資。張錫鎬比其他人更能清楚看到未來，但是他若聽了我或《紐約郵報》的意見，就會錯失良機。

「你得置身其中才看得到，」張錫鎬解釋，「當你每天都待在同一行，就會擁有獨到的見解，比外人更了解，更能看出潮流走向。雖然不能打包票，但我比一般人更了解食品業的發展方向。銷售『不可能漢堡』，我覺得自己就像不肯重複製作同一類專輯的歌手。我知道我們需要改變，做點不同的事情。有意思的是我年輕時，別人批評我不願意迎合素食主義者和純素食主義者，但我後來看到世界的走向。大家想吃得更健康、更關心地球，更不用說我們越來越接近蛋白質短缺的二〇五〇年。改變不可避免，我想在臨界點到來的更早之前採取行動，何況我知道，採取行動（決定投身這股風潮）就能推波助瀾。」

我剛投資無人機競速賽時，也像張錫鎬一樣遭到揶揄。沒有人認為這是競技運動，大家無法想像有人會想從無人機的視角看世界，看這些昂貴的「玩具」在廢棄倉庫的管道和破窗戶組成的賽道上競速，以一百哩的時速相撞。但是我有樣東西是他們所缺乏的，那就是我對創辦人的信心，我完全理解他的願景。

我的團隊有一位二十多歲的小夥子很有遠見，他把尼可拉斯·戈巴切夫斯基（Nicholas Horbaczewsk）帶到我的辦公室，這個創辦人闡述他對未來的藍圖：哪個孩子不夢想能夠飛翔？無人機讓人們有機會得到一種超脫軀殼的體驗，初次從全新角度觀察世界。這種體驗不僅讓人欲罷不能，而且多虧高性能無人機問世，民眾有機會接觸這項新運動。聽起來很棒，但創辦人若無法將計畫化為事實、實現盈利目標、擴大規模，這個願景也就毫無意義。尼可拉斯具備完成這項使命的完美資質：他是哈佛大學企管碩士、「泥巴硬漢」（Tough Mudder，以前只是週末勇士熱衷的邊緣障礙賽，現在已成為主流）營收長，以及短片製作人，他有能力把無人機競速賽辦得像其他運動一樣精采。

我和尼可拉斯有不同喜好，但我們團隊進行研究，找到支持尼可拉斯願景的早期流行指標。在YouTube上搜索一番，我發現了前所未聞的次文化：世界各地的孩子早在公園和車庫玩無人機比賽了，隨著電子競技興起，無人機正符合這股風潮。

這些比賽還不成熟，但早期玩家已經開始籌劃，舉辦臨時比賽。雖然比賽內容比較粗糙，而且都是參賽者自己設計，看起來還是挺有樣子的。只要投資技術，延長電池壽命、提供舉辦比賽的後勤支援、生產精良成品，不難想像這項運動就能成為正式比賽項目。人們會觀賞別人玩電玩，就會看別人比賽操縱無人機。有鑑於無人機在YouTube上的影響，加上尼可拉斯的背景，找到贊助商不是不可能，畢竟這是從業餘嗜好轉為聯盟運動的關鍵。

但多數人看不到這一點。他們要營收數字，當時根本什麼也沒有。既然在獲利之前進行投資，就不能擔憂是否可行。**做出成果就對了。**

尼可拉斯回憶：「這是極大的專案。我得想清楚如何用未經測試又不完整的技術，打造全球性的運動。這是我見過最酷的事情，但我也知道這種比賽複雜、風險高、需要投入大量資金。碰到反對者說我會失敗，其實是指出我早就知道的事實：這件事不容易，而且我在實現全新運動產業的願景之前有許多障礙。我只能試著聽他們說。他們考慮的風險是不是我已經考量過？我必須達到什麼目標，他們才會相信我？」

尼可拉斯的態度非常正確。他繼續說：「就像多數創業者，我在資訊不完整的狀況下研究複雜的問題，所以我必須抓住每個機會，挑戰自己的假設、改善自己的想法，即使批評來自反對者。不過我也看到周遭的重大文化轉變，競技融合體育項目的創新技術並非一時興起，而是運動產業未來的基礎。」

我不必具備過人的才智，也能拼湊全貌，了解尼可拉斯的願景——但我必須反覆推敲、探索，才能理解多數人不明白的事物。這不只是嗜好，而是一項運動，至少有潛力成為競技項目。當然，許多人嘗試將小眾活動發展成賽事，最後都失敗。老實說，我不知道無人機競速聯盟會如何收場，也不知道它能否發展成主流運動。但我知道，尼可拉斯將會克服所有挑戰，找到答案。我們已經利用尼可拉斯的尖端技術成立新公司，「卓越無人機」（Performance Drone Works）開發的小型智能機器人可以在人類無法抵達之處充當人類的眼睛和耳朵，為軍隊和執法部門提供戰術優勢，在危險情況下保護人類性命。

我們不能讓唱衰的人得逞。人生要有進展，就得忽視消極因素，無論別人怎麼說，都要追求自己的理想抱負。人生就像創造者和毀滅者的拔河比賽，到頭來創造者注定獲勝（這是經過歷史證明的必然結果），但這不表示擊潰毀滅者很容易。抱怨批評者打擊你，就像希望世上沒有地心引力。你爬得越高，越多人想把你拉下來。

但你不必放任自己遭受攻擊。相反地，你可以把對方當成有利資料來源，因為有一定比例的人會反射性拒絕你的想法，就當他們是那些人。他們可以考驗、強化你的決心。如果你無法捍衛你公司存在的優勢，也許它根本沒有成立的必要。反對者證明，承擔風險就有 α 值，也就是得到超額回報的可能性。如果每個人都看到某個想法有多明智，或每個人都有勇氣追求，我們就沒機會當先驅，沒機會在別人看到這個想法的潛力之前脫穎而出。

酸民之所以仇恨，是因為他們自己就很頹廢。我不怨恨他們，我同情他們，因為我知道仇恨來自黑暗深淵。但是你自己碰上時，依然會很痛苦。

為了防止仇恨揮之不去，先了解那些試圖阻撓之人的動機，再思考如何終結那些想法。

缺乏資訊

人們可能看不到你所看見的機會，因為他們沒有相關背景、不理解你的願景，或者不具備預測未來的能力，「不可能漢堡」和無人機競速賽就是絕佳例子。另一個案例則來自我的工作，那時我是九一一事件紀念館專案營運長。我們開始制定計畫時，紐約市對興建紀念館一事的意見分歧。有一派希望將十六英畝遺址作為墓園，完全不要重建。但更多人認為，如果不恢復當地的日常作息，就等於是投降。還有一派則希望重建雙子塔[20]（其實雙子塔的原始設計遭到建築界抨擊，認為雙子塔與曼哈頓天際線的其他大樓不成比例，有人甚至稱為「規模和尺寸不人性化」），而且不明白我們怎麼會有其他想法。

當時的狀況很特殊。一般而言，紀念館不會選在人民尚未走出傷痛就建造，而是在事後多年才興建，讓大家有時間從歷史的角度審視事件發生的意義。一般而言，紀念館不會建在都會金融中心，既要具備紀念目的，又要振興一蹶不振的經濟。一般而言，紀念館不會建在葬身處，尤其部分遺骸始終未尋獲。我們的任務是協調相互衝突的目標，但肯定做不到皆大歡喜。

我與曼哈頓下城發展公司的同事一起參觀幾個地點——發生恐攻不久後的五角大廈、賓州尚克斯維爾的九三號班機墜毀現場、阿拉巴馬州蒙哥馬利的民權紀念碑和奧克拉荷馬市國家紀念碑。看到這些紀念館如何應對各自的挑戰，我們有了全新看法。我們意識到，只是紀念事件死者的基本作為，不可能在宏觀的歷史長河中發揮作用。一代人辭世之後，這類紀念館就會失去情感共鳴，最終有損紀念意義，因為無法傳達當年歷史背景下所發生的事件和原因。我們認為最大的挑戰在於既要為亡者興建紀念碑，又要建造超越字面意義的場所，讓後代一看就明

20 紐約地標建築世貿中心雙子塔（Twin Towers），在九一一自殺式恐怖襲擊中先後轟然倒塌。

白當年美國遭受多大規模的暴力攻擊。

起初林瓔（Maya Lin）之所以臭名在外，是因為一九八一年，她二十一歲就讀耶魯大學時，就在越戰退伍軍人紀念碑設計公開競賽中獲勝。林瓔因宣導抽象而非直白的願景遭到媒體抨擊，說她的設計無法紀念亡者。有些人說成品是「恥辱的黑色傷痕」，但最後得到廣泛接受，成為同類紀念碑的範本。我們知道她比任何人了解各事項孰重孰輕，因此請她擔任世貿中心紀念館評審委員。

比賽收到來自四十九個州、六十三國家的五千二百零一件圖稿。林瓔和評審團其他成員在莫大壓力下評估所有作品。為紀念館作完整體規劃（包括雙子塔的遺址）之後，我們為獲勝的紀念碑（名為「映照故人」Reflecting Absence）預留了四點五英畝的土地，並且為遺址地底身分不明的罹難者建造墓碑，家屬就能來此憑弔緬懷。此外，我們還建造一座博物館，講述這樁悲劇的始末。緊鄰遺址有一棟北半球最高的建築，即一七七六呎的世貿中心一號大樓，又稱自由塔（Freedom Tower）。這是兩個獨立專案，起初兩個專案的支持者都不滿意成果，但退一步看，最後整個場地的呈現結果成為完整的組合，滿足反思和重生的目的。如今這裡可能是世上最著名的紀念館。

我們花時間研究、開發，了解整個來龍去脈，因此有自信創造出真正獨特的作品，無視批評聲浪。然而我們無法將完整背景傳達給所有人，只能坦然接受誤解，由歷史作出最後評判。

嫉妒

有時人們批評你，只是因為你讓他們想起自己渴望的成功。商業媒體會頒獎給有先知遠見和優越表現的業界主管，有學者研究該獎項的連鎖反應，結果令人驚訝，研究證明嫉妒會引發瘋狂的舉動。某位主管獲頒知名獎項，成為那份研究的「超級明星執行長」時，資料顯示，競爭對手更有可能在他或她獲獎後提高投資金額，併購新公司，而這些交易往往比統計資料預測的失敗頻率更高。嫉妒驅使這些競爭者偏離計畫，作出錯誤決定，只因為他們的對手得到媒體讚譽；對於名次緊接在後的執行長，這種影響更明顯。亞軍在落敗之後，最可能做蠢事。

嫉妒是如此強烈的情緒。周圍的反對者因為不滿我們的成功，只能作出更糟糕的判斷，所以我們根本不該相信那些有失公允的觀點。

另一種批評者希望世界保持現狀，單純只是因為改變帶來不適。你一定要失敗，才能證明他們的確應該無所作為，也證實他們認定冒險走出舒適區很危險。他們留在原地，繼續做同樣的事情，看到你因為短暫的失敗退縮，他們就開心。

我在噴射機隊工作時，就清楚看穿這一點。我堅信球迷希望盡可能接近球員，所以我在網際網路的西部時代，就不斷擴展社群媒體的極限，試圖將美式足球帶進現代。我認為球隊必須走到球迷身邊，不能只透過官方管道吸引大眾注意——而且當時官方管道只有網站。我的信念就是隨時隨地與球迷互動，先累積粉絲人數，再考慮如何營利賺錢。我們在 MySpace（Facebook 的前輩）上得到大量關注，結果聯盟發信給我們，說我們不能使用這個平台。我轉向 Twitter，將我們的球員打造成流行文化巨星，聯盟再次反對。他們想限制我們透過官方管道之外的形式發布內容，在聯盟可掌控的範圍之內限制粉絲交流。我們對於如何接觸球迷的意見分歧。有一年，我們在美式足球聯盟總裁上台宣布選秀結果之前，就先在 Twitter 上公布選秀名單（事後看來，這個舉動確實不太有水準），表面上是說

Twitter 的粉絲急著想知道，不想等。其實是為了增加粉絲數量。我們知道這些選秀結果會被轉發幾千次，請求原諒比拿到許可簡單多了。

聯盟當然氣壞了，但他們沒有接受我們的創新策略，也沒有追隨我們的腳步，提高粉絲參與度，反而通過一項規定，禁止我們這麼做。結果令人沮喪，而且判斷失誤。他們應該借鑑韋恩．格雷茨基的做法——「跟著冰球滑」[21]——加入我們，盡可能地接近粉絲。即使時至今日，職業體壇仍然存在這個問題。除了少數例外，多數職業運動隊伍和聯盟都傾向於維持現狀，要他們接受新一代傳播工具，簡直是要他們的命。就連北韓上 TikTok 的時間，都比許多大型運動隊伍更早。

露出馬腳

最後，有人擔心我們的大膽——我們的大動作——會暴露他們的軟弱和劣勢。所以他們覺得有必要先發制人，先毀了我們。那些認為自己不夠優秀的人往往試

21 原文：Skate to where the puck is going, not where it has been. 加拿大冰球運動員韋恩．格雷茨基(Wayne Douglas Gretzky) 的名言，意指與其追逐已經發生的事情，不如嘗試向前邁出一步。

圖拉別人下馬，或者因為別人太耀眼而羞辱他們。「高大罌粟花症候群」（Tall Poppy Syndrome）一詞在澳洲和紐西蘭相當盛行，它指的是所有花朵的尺寸都該一樣，如果有一朵長得太高，就需要剪掉。加拿大的研究「最高的罌粟花：成功女性為成功付出高昂代價」調查一千五百多名功成名就的上班女郎，發現八成七的女性曾遭同事打壓。

研究中提及的事例從令人惱火到令人恐懼。

「剛上任的最初幾週，」一位受訪者說，「上司在每週發送的電郵中稱讚我……同事們不掩飾地表達嫉妒，還談論了一整週。」

「三位主管，也就是公司的前經營者，包圍我，把我逼到俯瞰樓下的欄杆邊，」另一位受訪者說。「他們充滿敵意，措辭刻薄，甚至威脅我的人身安全。接著又把我趕回辦公室，堵住門，不讓我出去。」

與其創造讓優秀人才振翅高飛的環境，許多唱衰的人反而會打壓對方，希望對方的表現也一樣平庸。

「罌粟花」一詞甚至啟發人們在 Facebook 上建立社群，成千上萬天賦異稟或有其他特殊才能孩子的家長分享世界各地教育體系的故事，闡述教育當局如何讓學生難以得到發光發熱的支持，以免凸顯其他學生資質普通。這造就了追求平庸的文化，恰恰與我們努力追求的目標背道而馳。

這些都是別人試圖打擊你的強大動機——但歸根究柢，他們的動機無關緊要。我們如何面對批評才更重要。

幸好有個關鍵秘訣，可以讓我們應對自如。

自我對話的力量

第一次坐在《創智贏家》舞台上時，我完全僵住。我驚慌失措，焦慮占據我的所有心神，我差點毀了自己的機會。開始錄影十秒，我已經不知所措，無法插話，馬克・庫班困惑地看著我，心裡大概想著：「是誰邀請這傢伙？」但我記得我扭轉乾坤的那一刻。我控制腦中的聲音，不肯放任它帶我走向失敗。「聽著，麥特，」我對自己說，「你屬於這裡，證據就是你現在坐在這裡。」

奏效了，每天練習自我肯定的人都知道原因。自我對話已經得到證明，可以幫忙打氣——但也取決於你的方法。請注意，我以第三人稱來稱呼自己：「麥特，你屬於這裡。」用你自己的名字而不是「我」，可以讓你保持一定距離，精神喊話才更容易產生共鳴。一連串減輕壓力和社交焦慮的實驗已經證明這一點，你為了顧及自己的最大利益，需要塑造出這個超我的權威人物，一個不容質疑的角色。這個發現相當驚人，我們每個人都能輕鬆訓練自己辦到。

書面文字甚至更有力量。在某項研究中，邊緣化的學生寫下自己最看重的價值觀（例如自信、創造力、同理心和獨立），結果他們比對照組拿到更高分數。在另一項研究中，節食的人寫下他們最重視的事物（人際關係、宗教和健康），最後比沒寫的人減掉更多體重。面對外界甚至內心的挑戰時，強化自己的身分（重中自己的立場和信念）更能堅定捍衛自己的立場。

我們都需要訓練腦中的聲音成為最堅強的盟友，因為人生中最有影響力的交談，就是你與自己進行的對話。有時候，外界還來不及反應，我們就先被自己的心裡的聲音擊潰。上司看到你的缺點時，猜猜他會說什麼，是上司比較嚴厲還是你自己？我們破壞自己的努力，抨擊自己的力道可能大過我們畏懼的黑粉。你不能做了這些事情，卻期望成功。相反地，你如何善待朋友，就要如何愛護自己。當我們了解，人生唯一重要的認可來自我們自己，我們就知道自己有能力抵禦外界的輕蔑和嘲笑。

儘管如此，我們依然要盡力避開挑剔我們、批評我們所追求的目標的人。我們需要聚集所有正面能量，實現偉大想法。要慎選諮詢對象、朋友圈的成員，對於把最重視的事物託付給哪些人，要小心選擇。我會提醒那些正在籌劃新公司或醞釀想法的人，這些新事業在起步階段非常脆弱。請悉心呵護你的夢想，必須為它創造合適的環境，剛萌芽的計畫才能堅持下去，更要小心別讓直覺被淹沒。許多人有自我厭惡的傾向，這種不為人知的情緒是如此丟臉，以致於我們往往連最親近的人也隱瞞。所以我們絕對不需要聽到更多負面意見，強化心裡那個懷疑自己的聲音——尤其在新事業剛起步的脆弱階段。

電視節目《腦力大挑戰》（*Brain Games*）曾進行某個有趣實驗：他們找來罰球高手，這個人在加油群眾面前連續投中九球，接著蒙住他的眼睛。無論是否進籃，觀眾都不歡呼，而是發出噓聲。取下眼罩時，他又恢復視力，但這位天才罰球手卻連續失手。在黑粉面前，他徹底失去了準頭。

每個人都需要和善的支持和溫柔的關愛。如果身邊都不是正確的夥伴，就會耗盡精神和動力。起步之前，我們應該避免不必要的批評，一開始就從無私的支持者（我所謂的務實的樂觀派）身上得到鼓勵。這些人足夠了解我們，大略明白我們的努力方向，願意為我們加油打氣，而不是打擊我們。往後你有大把時間對批評者提出想法，進行壓力測試，但不是關鍵的早期培育階段。

《腦力大挑戰》的實驗進一步指出，即使只是一點點支持，也能大幅提升信心。有位女士十次投籃都未命中，製作人幫她戴上眼罩，當她連續兩球不進時，觀眾卻拚命歡呼，讓她誤以為自己投中了。觀眾的歡呼聲觸發腦內啡，她突然有了信心。摘下眼罩後，她又投十次，命中四球，與第一輪相比，進步幅度簡直不可思議。

這些聽起來都很棒，但如果阻礙你前進的不是人群或你腦中的聲音，而是你過去的人生歷程呢？我長年背負的羞恥感阻礙我的成長，直到我學會如何重新定義那段經歷，學會如何將過去的挑戰視為我的超能力。過去種種辛苦為我帶來勇氣、毅力，以及看清前路的洞察力。

某次心情特別低落時，我曾去見萊奧尼爾·基亞雷洛神父（Father Leonir Chiarello），他致力於捍衛全球的窮人和受迫害者。他是教宗方濟各（Pope Francis）的多年同事，天主教斯卡拉布里尼教團（Scalabrini order）的會長，負責監督各國移民和難民專案。這個古老教團在服務前線士兵和扶貧方面有著悠久歷史。萊奧尼爾神父和我談到了羞恥的強烈束縛，以及擺脫人生累積的污點有多困難。他要我閉上眼睛，想像鑽戒從手上滑落，掉進下水道，並想像世上最令人作嘔的環境。他告訴我：「孩子，當戒指在多年後被找到，所有髒污都被沖刷乾淨時，我們才會明白，它自始至終都是鑽石。」

將你最大的弱點轉為最驚人的勝利

雷克斯・萊恩（Rex Ryan）在二〇〇九年至二〇一四年之間擔任紐約噴射機隊教練。他具備許多正面特質（堅忍不拔的毅力和寬大的胸襟），但他擔任教練期間隱藏多年的個人癖好，差點毀了他的事業。二〇一〇年噴射機隊季後賽期間，有一支影片曝光，雷克斯在片中假裝員警，攔下他的妻子，以性暗示的方式讚美、按摩她的腳。類似影片逐一曝光，媒體也大肆報導。雷克斯很尷尬，認為自己的婚姻和事業都會就此劃下句點。無論是否有正當理由，雷克斯認為這些影片暴露他內心深處的性格缺陷。他擔心這件事會抹煞他所有成就，成為餘生都需要逃避的醜聞。我記得當時走進雷克斯的辦公室，他剛與我們傳播部副總裁、也是公司裡的虔誠信徒布魯斯・斯佩特（Bruce Speight）一起祈禱。

「雷克斯，我不知道你會禱告。」我說。

「現在會了。」

雷克斯需要改變的不是宗教信仰，而是重新整理自己的思維。有多少男人結婚二十年仍然對妻子充滿愛意，並對她們（和她們的腳）有如此強烈的性衝動？

「你不該感到羞恥，你應該上歐普拉脫口秀（The Oprah Winfrey Show）！你會簽下五本書的合約，教導人們如何為婚姻生活增添情趣！」我告訴他。

他捱過這段醜聞，噴射機隊也打進美國美式足球聯會（AFC）的冠軍賽。直到今天，雷克斯每次見到我，都會脫口說：「喔，歐普拉來了！」

雷克斯最近告訴我：「當時我需要你，你也為我加油打氣。我會永遠記得。」

許多人因為雷克斯人性化的這一面成為他的粉絲。雷克斯解釋：「我愛我的妻子，你不會相信有多少人在這件事之後告訴我，說他們支持我。就某種層面而言，證明我一開始就沒騙人：我不完美。我說我會犯錯，結果真的犯了。我們都會犯錯。一旦人們知道你理解這個真理，他們就願意信任你。他們知道你很真誠，在美式足球更衣室更明顯，球員們總是會立刻看穿騙子。我的恥辱反而成了我的力量。」

你的恥辱也可以成為你的力量。你擔心阻撓你前進的事物，都只是人生的一部分。每個人都有自己念念不忘、想要隱瞞或羞於啟齒的過去。一旦你意識到每個人心裡都藏著這種秘密，它們對你的影響力就會減弱。當然，你不能傷害別人，而且（幸好）我們這幾年看到，真正低劣的行為，例如偏見、歧視、騷擾甚至更糟糕的惡行，都會遭到應得的懲罰。但展現你的人性，有時不經意流露出來呢？那是成就，不是問題。

「我展露無疑，」雷克斯說，「偉大的領導者必須具備人性。」

還要有幽默感。即使十多年後，那件事依舊緊跟著雷克斯。二〇二一年十二月，他在娛樂與體育節目電視網頻道（ＥＳＰＮ）頻道討論四分衛亞倫・羅傑斯（Aaron Rodgers）腳趾受傷一事。萊恩開玩笑說：「我是腳趾專家。」逗得主持人哄堂大笑。如同雷克斯所言，你必須展現人性的那一面，必須坦然面對自己。

我的合作夥伴張錫鎬的故事以不同方式闡述同樣原則。早在「不可能漢堡」問世之前，張錫鎬的崛起在外人眼中也相當傳奇——從二〇〇四年在紐約東村開設的第一家「桃福拉麵吧」（Momofuku Noodle Bar）到現在的餐飲帝國、自己的雜誌《福氣桃》（*Lucky Peach*）、電視節目等。只有在他身邊的我們才知道，其實他一直在對抗躁鬱症。二〇一八年，他開始公開談論自己的心魔，以及他這輩子如何隱藏這個疾病，結果往往陷入更長時間的抑鬱。他公開自己的心路歷程，甚至寫了一本書，因為勇於分享這個曾被視為禁忌的話題，結果備受擁戴。「我收到許多人的回應，他們甚至不是餐飲界人士，」張錫鎬說，「人們公開談論這些事情很重要，我發現自己的經歷確實引起了人們的共鳴。」

張錫鎬是將近一千五百年前的新羅將領張保皋[22]的後代，我們兩人因為共同的焦慮和偏執而結為好友，也就是我們的「恨」，張錫鎬因為身為韓裔所感受的痛苦，我身為白人，卻也能感同身受。我覺得其實我是從文化上挪用這個概念，我幾乎對所有事情都有永無止境的煩惱，我總覺得苦惱不已。一切都很順利時，我會打給張錫鎬：「提醒我一下，一切都很糟糕，對吧？」

「麥特心情太好時，他知道該打給誰。」張錫鎬說。說真的，我們的確因此特別投緣。其實人們不僅接受我們的缺陷，還因此更愛我們——因為這就證明我們真誠不虛假，也證明無論出身如何，無論背負什麼問題，都有可能成功。布萊恩．史蒂文森（Bryan Stevenson）是律師、法學教授，也是「平等正義倡議」（Equal

22 出生於新羅清海鎮，出身平民家庭，曾在唐朝徐州任「武甯軍小將」，擅長戰技。

Justice Initiative）創辦人（該組織為死刑犯提供辯護，阻止一百三十多起死刑）。他在廣受好評的回憶錄《不完美的正義：司法審判中的苦難與救贖》（*Just Mercy: A Story of Justice and Redemption*）中寫道：「我們每個人都勝過自己所幹過的最壞勾當。」

每個人都會犯錯。我們不該對他人妄下評斷，以免自己也遭到評判。

另外還有一個驚人的故事，這是綽號「漂移」的艾薩克·萊特（Isaac Wright）的經歷。這名攝影師和城市探險家，從二〇一八年在軍隊擔任傘兵時就開始拍照。他發現從高處可以拍出令人驚嘆的作品，創造一種無限可能性的奇妙感覺。艾薩克為了自己的愛好全力以赴，賣掉汽車投資攝影器材，爬上任何建築（橋梁、大樓等），只要夠高，能讓他一覽心儀的美景。當然，他不是這些建築的業主，因為非法入侵被捕後，他被指控入室盜竊（非法進入拍照），被判入獄一百天。

艾薩克的故事可能就此告終：又一個年輕黑人因為入獄，潛力遭到扼殺。然而，這只是開端，他的藝術是不容忽視的——即使在獄中，他都相信未來會更美好。「我被關押時，對自己的信心與現在一樣堅定，」艾薩克告訴我。「我告訴獄警和獄友，我的藝術將改變世界，這只是跳板。我覺得這只是考驗，看看自己能否應付即將發生的事情，我必須繼續努力。」

二〇二一年四月九日，艾薩克出獄。整整一年後，他發行個人NFT（非同質化代幣）作品《出獄第一天》（*First Day Out*），照片記錄他回歸藝術創作。這張照片成為有史以來銷量最高的照片，這個影像賣出一萬零三百五十一個NFT，賺入六百八十萬美元。他承諾拿出一百萬美元，透過俄亥俄州漢密爾頓郡的保釋專案，幫助被監禁的囚犯獲得自由。艾薩克當時就在那裡服刑。

這個教訓再清楚不過——將最艱難的環境當作成功的動力。當初艾薩克一拿起相機，就知道自己和自己的作品注定會成就非凡。「我希望自己的藝術目標和願景是擴大人類對可能性的認知，」他解釋：「人們看到我的作品，他們看到的是廣闊的世界，是我往上攀爬時看到的廣闊世界，我因此大開眼界，想探索日常生活中還有什麼可以擴展，還有什麼事情也能辦到。我的心態就是——勇往直前，永不退縮——找到我的優勢，然後一頭鑽進去。很多人認為這種想法很可怕，但只要越過那道脆弱的界限，就能看到人類的成長。我想讓人們看到，自己的可能性有多寬闊無垠。」

我一直會去跟像我一樣拿高中同等學力證書的學生演講，他們當中有人無家可歸，做任何事情都覺得前途渺茫。我身上已經看不到當年皇后區窮小子的影子，苦日子也都藏在訂製的西裝下，學生自然以為我是富二代。正是這些時刻，我最能理解自己小時候為何過得那麼苦。當你分享自己的脆弱給有需要的人，悲痛就成了福氣。可以想像，這些孩子都經過磨難，有許多人加入幫派，或逃離虐待他們的父母。當我講出寫成文字都嫌露骨的故事時，屋裡原本憤世嫉俗的情緒瞬間消失無蹤。有人開始落淚。突然間，他們不再把我當作成功的陌生人，而是看到了自己的未來。起初他們以為自己的出身會妨礙他們出人頭地——也許是高中輟學、無家可歸或飽受虐待。但我告訴他們，我就是活生生的例子，證明悲慘的背景不僅能讓他們更堅強，還能讓他們與眾不同。

「想像一下，聽到你得拚命脫離遊民收容所，或是在流浪街頭的情況下拿到高中同等學力證書，僱主會怎麼想？」我告訴他們，「他們會知道你有能力，知道你只要下定決心，一定會達成目標。」

人生的起點越低，日後成功的反差越明顯。在我所敬佩的人當中，最教我佩服的就是為生活奔波，仍舊懷抱夢想的人。我說的就是平常在便利超商當收銀員，下班之後還兼差開 Uber，想存錢加盟創業的人。他們過日子就已經夠辛苦，還要追求遠大的夢想更是了不起。

讓人感到沮喪的不只是過去，還有往後無可避免的挫折和磨難，每個成功人士得勝前都會經歷波折，例如在公眾面前出醜、不成功的專案、錯誤的決策。我們都會經歷成功和失敗，我研究身邊的成功人士，發現他們幾乎都有同一個訣竅。

汲取成功經驗，反思失敗教訓

現在邁克·魯賓（Michael Rubin）還不是家喻戶曉的人物，但未來可期。他是天生的創業家，高中時期就開創滑雪用品店，雖然營收達到十二萬五千美元，但他很快就破產了。他欠了十萬美元的債，最大的資產是十六歲時買下的保時捷。邁克聘請破產律師，但是他還不到申請破產的年齡，最終他雖然努力還清債務，店面卻關門大吉。後來他上了大學，卻只上六週就自動退學，並開設另一家零售店，而且非常成功。很快地，他又創辦了電商公司，最終以二十四億美元的價格出售給 eBay。後來邁克買回 eBay 不感興趣的一小部分業務，就是授權體育用品公司「運動迷」（Fanatics），他將該公司打造成全球最大的授權體育用品企業。該公司擁有美國職棒大聯盟（MLB）、美國美式足球聯盟（NFL）和美國國家籃球協會（NBA）的球員卡授權，顛覆這些球隊幾十年來的合作關係，例如MLB與Topps球員卡公司的合作關係。「運動迷」目前的市值為一百八十億美元。

根據我的親身經驗：NFL就像聯合國，幾乎不可能讓每支球隊老闆都願意與一個人合作。有些人非常看重家世背景——這正是邁克所沒有的。然而，他不僅成功地與世上最有錢的人打交道，自己也成了富翁。秘訣是什麼？儘管遭到一次又一次地拒絕，但他從不氣餒，反而加倍努力。他告訴我：「我喜歡失敗。對我來說，失敗是勝利的前奏。我從失敗中學習，從失敗中成長。」

換句話說，他不會讓失敗定義自己。他可能會失敗，但不表示他是失敗的人。

這就是我在一鳴驚人的成功人士身上所見的最重要特質。成就非凡的人把勝利當成身分之一，增強自信——就像《腦力大挑戰》那位糟糕的罰球手，她堅信自己蒙著眼睛進了兩球。勝利與敗北的區別，在於能否將失敗拋諸腦後。當然要汲取教訓，一旦你學到了失敗經驗中的可取之處，就把「失敗」這具腐屍埋在沙漠，永遠不要回去憑弔，徹底把它拋到九霄雲外。每當這些高成就者失敗，他們只會放寬成功的定義，將失敗視為跳板。

張錫鎬說：「失敗是進步的代價。我們希望打出全壘打，希望自己在事業上做到出神入化，甚至毀了身邊其他點點滴滴；然而要做到這一點，我們必須接受失敗的可能性，甚至鼓勵失敗，因為這就表示我們必須全力揮棒。」

我分四個階段面對失敗：

1. 我失敗了。

2. 但我不是失敗的人。

3. 我會從失敗中汲取教訓。

4. 下次，我會成功。

我們並不是要無視失敗或逃避責任，否則那就是一種妄想，我可不認為人應該存有妄想。你必須對失敗保持理智的好奇心，找出問題所在，思考下次如何做得更完善。你不能讓失敗影響你的自我認知。

這個教訓可以追溯到進化論中的**「損失規避」**概念。「損失規避」是人類本能，人們更傾向於避免損失而非獲得同等值的收益，就像多數人會覺得損失一百美元比意外獲得一百美元更糟糕。

在人類歷史的饑荒時期，這種偏好有其道理，失去一天的糧食可能導致小命不保，但找到額外的食物不見得能多活一天。以狩獵、採集為生的先人必須保護自己的收穫，即使因此無法得到新的食物。在糧食充足、無線網路無所不在的時代，這一點就沒那麼重要。老實說，接受潛在損失是資訊套利的一大要點，因為這是個不對稱賽局。

金恩保險公司的尚恩·哈波是風險評估專家——他的保險企業仰賴於此。他說：「你可以承受的損失其實有限，你只能失去你所擁有的東西，但另一方面，你也可以選擇得到很多。你能得到的東西取之不竭，你可以得到全世界。」你只需要調整思維，少留意損失，多關注勝利。這麼做會有回報，所以成功人士即使面對過去的失敗，依舊可以一鳴驚人。

我並不是說失敗是好事，恰恰相反。我們的社會盲目迷戀失敗，彷彿每個人攻頂期間非失敗一下不可。我們可能失敗，但這不是前提，我們也不該有這種想法。我不認為應該歌頌失敗，但我欣賞謹慎籌措的冒險行為，無論結果是否成功。至於失敗，我深信應該不惜一切代價，全力避免。失敗很討厭，說失敗不糟糕的人是說謊。但當失敗發生時（幾乎無可避免），要充分利用，然後盡最大努力，確保歷史不再重演。

當我們建立自信，可以踏上旅程時，還有最後一課。

同理心最重要──同理自己，也同理他人

我知道自己罹患癌症時，簡直要崩潰。我拒絕給自己療癒的時間，也不肯放

過自己。這種行為不僅傷害了我，也有害於整個組織。我三番兩次看到這種案例：最缺乏同理心的管理者，往往對自己最嚴苛。你對自己不好，也會對別人不好，到頭來，任務就會受到影響。

相反地，如果你愛自己，坦然面對過去，就能將痛苦轉為珍貴的動力，而不是拖後腿的累贅。我真希望我能說罹癌改變了我，其實幾年後我才頓悟，當時我忙著辦離婚。

以前，我以為自己可以靠意志力取得成功——但離婚卻是無法掩飾的，離婚就像我成年之後最大的失敗。離婚之後，人們會刻意迴避你。許多「朋友」拋棄你，人們以不同的眼光看待你，你的私生活成為他們茶餘飯後的話題，這是以往從未發生過的事情。就我自己看來，我一直以為自己能透過理性探討或精心安排擺脫困境，這次卻沒辦法。

「以成功衡量自我價值」的問題在於發生壞事時，你的自我認同就會崩潰。我兒時的綽號是「天才小醫生」（Doogie Howser），這是尼爾·派翠克·哈里斯（Neil Patrick Harris）在九〇年代初飾演的電視劇角色，主角十四歲就成為醫生。不知不覺，我的自尊取決於提早達成里程碑。結果我卻在三十多歲離婚——這當然不是我想要的成就。

有很長一段時間，我覺得自己一文不值，就像身陷永遠爬不出的黑暗深淵。某天晚上，我突然恍然大悟。當時我非常沮喪、絕望，獨自待在飯店房間，連續失眠三天，我盯著手機，眼淚順著臉頰流下。當天晚上，我躺在床上，懇求大腦讓我睡一會兒，結果我突然聽到悅耳的聲音在我腦中低語，口氣權威，不可動搖，「麥特，你沒事的。」我不相信有鬼魂，但這是我經歷過的最接近神蹟的事情。那聲音就像是不容置疑的真理在對我說話。面對自己重複的那些話（又是用第三人稱自我對話），我意識到我們生來就是完整的，從我們搖搖晃晃邁出第一步，到我們嚥下最後一口氣，我們都有能力靠自己站好。我沒事，你也會很好。

我發現自己在職場表現得有多糟糕。我作出錯誤決定，極度擔心別人「發現」我只是一介凡人，沒有餘裕考慮其他人和他們的需求。我向組織的每個人傳達這種訊息：隱藏你的問題，咬牙忍受，無論你的真實心情如何，勇敢撐過去就對了。

營造這種氛圍的領袖不會得到下屬的忠誠，最終會面對更高的員工流動率，也無法解決組織的危機。壓抑的員工隱瞞難處，作出錯誤決定。離婚之前，我常常下意識地批判承認個人問題的人。我已經克服童年陰影（至少我這麼認定），認為其他人也該克服自己的問題。我以為別人只是更容易崩潰，內心不夠強大，無法保護自己。

胡說八道，大錯特錯！離婚是我的極限，我因此崩潰。但我也因此更懂得如何鼓勵他人，如何營造同事可以全心投入的環境，大家可以毫無顧忌地展現自我，即使承認自己遇到問題，也不會感到羞愧或尷尬。得先讓人們覺得心裡有餘裕，腦筋才會靈活。

這句話是什麼意思？我們醒著時有七成的時間都在上班，如果工作場所有喘息的空間，傷痛就會癒合得更快，員工可以更快恢復正常。我們需要人們看見我們，關心我們。我們需要同理心——即使在職場上，應該說上班時更需要。如果你能提供這種同理心，同事就會願意為你赴湯蹈火。

但我也要說明，在職場培養同理心，不同於人們所謂的「工作與生活的平衡」。追求理想的工作與生活的平衡是謊言，成功人士總是付出極大努力，稍作休息之後又繼續拚命。唯有加倍努力，才能成就非凡的事業。我們必須有意識地作出每個選擇，優先考慮重要事項。為了不錯過去紐澤西看孩子，我這些年不斷從邁阿密搭飛機往返。如果你覺得魚與熊掌可以兼得，擁有超級成功的事業，而且每週工時只有固定的四十小時，絕對不妨礙個人生活，那就太不實際。所以我們追求的目標必須非常重要，你才會心甘情願投入工作。

在二〇一八年的紀錄片《教宗方濟各：信守諾言的人》（*Pope Francis: A Man of His Word*）當中，教宗談到許多人過起日子彷彿沒想過壽命有限，這只會忽略死亡無可避免，我們需要接受事實。到頭來，我們就是這麼戰勝、克服批評的聲浪：我們意識到人只會活一次，人生終將結束，重點是我們如何度過這一生。我們面對恐懼時退縮，或沉溺於往昔的創傷，都不可能因此得到獎勵。

我的手機有個名為 WeCroak 的應用程式，每天五次跳出通知，提醒我終將一死。靈感來自不丹的古老智慧，所以尤其有意義，因為研究顯示，世上最幸福的人就生活在不丹這個小國家。在不丹文化中，人們會思考生命的盡頭，堅定生活的信念。時時覺知生命有限，帶來的效果與你的認定恰恰相反。思考死亡不會加劇人們對未知的焦慮，反而提醒我們，壓力轉瞬即逝，生命才寶貴。多數事物都不重要——無論是豪車、金錢或名望，這些都可以拋諸腦後，這樣思考讓你更靈活、更勇敢，隨時準備放手一搏。唯有當下，是我們可以把握的人生。

「我們每天都一點一滴死去，」教宗方濟各說。「正是死亡讓生命充滿活力！」

正是對死亡的認知和接受，幫助我們鼓起勇氣，大膽生活，大膽作夢。我們不能浪費我們僅有一次的生命。

CHAPTER 3 往前一躍

你站在懸崖邊，準備邁出改變未來的重要一步，但總有某個理由阻撓你。我跳過那麼多次，但是每次都嚇到無法動彈，我知道事情不見得如願以償，我的直覺並不完美。但我也知道，停滯不前，或者更糟糕，三心二意，就不會有偉大的成就。每個人心中都有阻止自己按照直覺行事的想法，成功的秘訣就是別讓這些想法占上風。這一章將探討「阻礙我們前進」的信念，以及如何對抗它們。

「風險太大。」

傑西．德瑞斯（Jesse Derris）是我合作過最出色的公關專家，這位罕見的天才能夠毫無顧忌，對年長兩倍的執行長和政治家直言不諱。我第一次僱用傑西的公司幫助噴射機隊時，他只有二十六歲，是一家老字號公司的年輕公關。這家公司由肯・桑夏（Ken Sunshine）經營，他是公關界傳奇人物，也是紐約政界和媒體的常客。我發現傑西有個令人難以置信的特殊長才，他能夠預測人類行為，這讓人略感不自在，不禁懷疑人類是否真有思想自由。

對傑西而言，世間萬物都遵循預先設定的劇本上演，他已經把第一頁到最後一頁背得滾瓜爛熟。我很想指責他與魔鬼交易，因為他預測別人行為的能力簡直神乎其技。不過傑西雖然能預見他人的未來，卻對自己的命運充滿恐懼。

傑西從小就不覺得自己會創業，他以為自己會遵循傳統職涯，其實他在肯・桑夏的公司上班才短短幾年就晉升為合夥人，即將功成名就。毫無疑問，他漸漸出人頭地。然而即使他成功，他的命運仍與公司第一號人物緊密相連。公司的興衰榮敗，多半取決於肯的成功與否，傑西無法插手，往後的職涯也得應付合夥人之間的政治鬥爭。我知道傑西注定要自己創辦公司，否則就是小看自己。

我邀請傑西一起散步，考慮我的建議，我描繪他的人生有兩種可能方向。

「首先，你可以留在公司，努力工作到四十歲，如果到時你的名字還沒有印在公司門口，你會希望自己有足夠的勇氣、決心放手一搏。當然，屆時你的藉口也會大幅增加，可能是家裡有孩子要養，還得存大學基金。假如你沒有勇氣邁出那一步，你餘生都會納悶，這次散步若得到不同的結論，人生有何不同。」

「另一個選擇是離職。收拾東西，明天就閃。我們會把兩百萬美元存入你的帳戶，下週，我在RSE的辦公室將會多一個德里斯暨合夥人公關公司。如果做不起來，我們就一起去喝杯啤酒，知道自己盡力了。」

那天下午，我一遍又一遍地繞著曼哈頓麥迪森廣場公園散步，沿途吃了幾個Shake Shack漢堡。我相信RSE的兩百萬美元安全無虞，傑西一定能夠打造紐約最好的公關公司，為優秀人才提供大量好工作，一輩子衣食無缺。

但是傑西仍然很害怕——這也說明為何不只於公要有好搭檔，於私也要有好夥伴。他之所以有信心邁出這一步，是因為當時的女友喬丹娜（這個名字可能很耳熟，因為正是她創辦女性護理用品公司LOLA）說服他相信這是正確決定。傑西的直覺、他的良師益友，以及現在的伴侶都告訴他，這是正確方向。傑西知道，即使這次創業失敗，現在相信他的人依舊對他有信心。無論如何，他隨時可以再找一份「普通」工作。

到頭來，他邁出第一步時是否猶豫不決不重要，重要的是往前邁進。（至於那兩百萬美元，傑西表現優異，第二年之後甚至不需要動用這筆錢。）

我想從傑西的案例指出兩點。第一，有時別人比你更早看出你自己的卓越之處。他們更能清楚看出你的長處，因為他們沒有你自己可能正在克服的困擾。相反地，他們因為自己的經驗，更能看到你的未來。在其他領域事業有成的人走過那條路，他們理解其中的心路歷程。在別人眼中，未來的你遠超過你自己的期望，不要不予理會，反倒要自問你的目標是否定得太低。

第二，看似更崎嶇的道路，有時不見得難走。事實上，你認為安全的路途可能充滿更多不確定。傑西相信別人（公司合夥人）可以塑造他的命運。當然，也許那條路也會致勝，一切可能順風順水，他最終會帶領老東家扶搖直上。但在足球界，即使是資歷最深的經理人，我也見過他們遭到同事排擠，最後被踢出去。不幸的是，當你是揮之即去的僱員時，就要知道你對公司的忠誠是單行道──傑西碰上這種事情的機率絕對不是零。

也許某個年長合夥人跟不上日新月異的媒體格局，就把傑西一起往下拖。有些人年屆退休便自滿自足，業務日漸萎縮。即使是看似「安全」的道路，也充滿各種失敗的可能。傑西無法掌控的事情太多了，我希望在散步途中就向他說明。

當你的成功要依賴別人的行動，就會有風險，應該盡量掌控自己的命運，擁有規劃自己未來的力量。最安全的賭注就是押在自己身上，你比任何人都了解自己，所以勝算最大，這種內線資訊最珍貴。

往後快轉七年。事實證明，如果傑西留在原來的崗位上，他可能也會成功。但這個揣測不重要，因為他已經往前一躍了。傑西成為RSE的合夥人，我們共同創造擁有八十名員工的公關公司，是直接面對消費者領域的第一把交椅，並且持有美國一百多個頂級品牌的股份。因為傑西信任自身的能力和良師益友，才能賺到他在任何公司都無法獲致的財富和自由，我們一起見證傑西的十五個客戶成為獨角獸——就是市值超過十億美元又看似神話的新創公司。事實證明，傑西確實如我所料，具有非凡的先見之明，他的管理和行政能力更超出我的想像。這個故事的精采結局是二〇二二年夏天，公關巨頭柏林羅森（BerlinRosen）公司收購了「德瑞斯」。傑西來自長島的塞奧西特（Syosset）中產階級家庭，如今是白手起家的千萬富翁，一切都因為他同意去公園遛遛，而且勇於向前躍進。

當然，凡事都沒有保證，傑西的成功有絕大部分取決於他本人，以及他罕見的才能。當時我已經準備好，而且RSE也支持我，我們要推動一家新公司，並且由傑西掌舵。然而即使沒有我或RSE的資金，傑西還是會出類拔萃，因為他有勇氣克服恐懼。在內心深處，你也有這份勇氣。

我們都會幻想，只要累積更多資歷，或者經濟更穩定，完美的一刻終將來臨。我們欺騙自己，隨著經驗和閱歷的增長，就能承擔更多風險，但是今天就放手一搏，絕對比往後更容易。風險承擔能力不會隨著年齡增長，責任越大，資歷越久，要擺脫企業的束縛、在沒有仰賴的員工幫忙之下推出新專案，就變得愈困難。

有些方法可以降低這類問題。你可以詳細說明你的需求，區分「想要」和「需要」，無論如何，讓別人掌控自己的命運會讓你陷入險境。你覺得追求瘋狂夢想的風險太大嗎？真正的答案是：不追求，才冒險。

另一個阻礙人們前進的信念是：

「這麼做違背常識。」

當然，「破釜沉舟」只是比喻，但我的朋友艾米特．夏恩（Emmett Shine）放棄自己成功企業的方式值得雜誌大篇幅報導。艾米特和合夥人尼克．林（Nick Ling）和蘇姿．道林（Suze Dowling）是琴酒巷公司（Gin Lane）的主腦，這家行銷巨頭幫助 Harry's[23]、Sweetgreen[24]、Smile Direct Club[25]、Hims[26]、Quip[27]、Warby Parker[28]、Bonobos[29]、Everlane[30]等公司發展、壯大。矽谷每家炙手可熱的消費產品新創公司都遊說艾米特接下他們的業務。儘管公司非常成功，艾米特也開始賺進大把鈔票，但他漸漸覺得推銷別人的品牌不是他真正想做的事情。這個事業開始

23 透過網路和零售渠道銷售男性個人護理產品。
24 連鎖沙拉品牌。
25 隱形牙套矯正公司，已於二〇二三年倒閉。
26 遠距醫療公司。
27 口腔護理保健公司。
28 眼鏡和隱形眼鏡製造、零售商。
29 男裝電商。
30 服飾零售商。

讓他覺得空虛，他渴望致力於更有意義的工作。

「我們登上了顛峰，」艾米特告訴我。「創立受人敬重的獨立創意機構，客戶滿意，我們也很有成就感，但我們想迎接下一個挑戰。十年的努力終於有了成果，我們希望劃下圓滿的句點，開始做做其他事情。」

艾米特、尼克和蘇姿破釜沉舟：帶領整個公司轉型，著手新業務。與其利用他們擅長的行銷秘訣推銷品牌，幫助客戶成為億萬富翁，何不用來追求他們在意的領域，與以前的客戶一起創辦公司？

他們決定運用在「琴酒巷」累積的能力來構思和營運公司，而不是設計行銷活動。「我們厭倦指導別人如何經營他們的生意，」艾米特說，「我們想創造、經營自己的品牌，從頭到尾掌控整個營運過程。」

他們率領團隊一起創辦 Pattern，這間企業囊括各種家居品牌，致力於幫助人們面對生活的壓力。「我和共同創辦人都覺得身邊每個人太關注工作和社群媒體，我們則渴望擁有更多居家時間。Pattern 希望為日常生活增添儀式感，讓人們在烹飪或整理家務中找到樂趣。」

他們的第一個品牌 Equal Parts 廚具，旨在幫助一般人享受下廚時光，在生活中找到平衡。此後他們又創立整理收納用品公司 Open Spaces，買下生產鍋鏟和廚具的 GIR、提供創意現代家飾以布置個人化空間的 Letterfolk。

如果寫成好萊塢版本的故事，我會把重點放在 Pattern 創立十二個月後的估值就有數千萬美元——遠遠超過「琴酒巷」在公關業的獲益——重點是，這是艾米特等人的志業。他們放棄帶來成功的業務，利用過去所學追逐下一個夢想，踏上更勇敢的旅程。

然而現實往往更加複雜，創辦 Pattern 的過程並不如艾米特、尼克和蘇姿預期的簡單。從零開始打造全新品牌絕非易事，儘管他們在「琴酒巷」幫助推出新品牌時扮演關鍵角色，但他們意識自己並非樣樣精通，開發一流產品和處理供應鏈問題其實很複雜。他們意識到，在某些方面，他們更擅長開發現有品牌的隱藏價值，而不是從零開始打造。他們明白自己能力有限，也有自信承認自己的不足，所以迅速改變最初的計畫，最終籌集六百萬美元（來自RSE等公司），收購銷售額介於兩百萬至一千萬美元之間的初創品牌（如GIR和Letterfolk），運用禁得起時間考驗的品牌、行銷和營運策略，提高這些公司的營業額。

「我們原先的假設有些正確，有些錯誤，」艾米特解釋，「對我們來說，供應鏈和信貸額度是新問題，但我們學到教訓。這個模式不同於我們二〇一九年的構思，但我很自豪。我們不是逆風前進，而是順勢而為。」

他們收掉琴酒巷公司時，同業公開讚揚這個大膽決定，私下卻想破腦袋。為什麼要毀了一門好事業？破壞是為了進步。常識只會讓你停滯不前，破釜沉舟才能更上一層樓。

為了追求更好的目標而捨棄成功企業的經營者不只有艾米特、尼克和蘇姿。韓國企業家金範錫（Bom Kim）是「酷澎」（Coupang）的創辦人，該公司銷售額已超過十億美元，正準備上市。「就在最後關頭——其實是我們準備前往印刷廠的前一個週末。」他告訴CNBC的《*Make It*》雜誌，他臨時取消上市，認為他成功建立的第三方電商市場還可以更優化。

金範錫將公司商業模式轉型為「端對端」[31]的購物平台，納入最後的送貨服務，為客戶換掉不可靠的南韓郵政。便利性成為他們的註冊商標，顧客即使深夜訂購商品，隔天一早也能收到貨物，就算需要退貨，也只要將包裹放在門口等待取貨。「酷澎」被稱為「亞洲的Amazon」，至於轉型成功的最佳證明，則是該公司是最新進入《財星》五百強的公司。「我們的使命就是要打造一個世界，那裡的客戶會感嘆：『沒有酷澎，我怎麼活下去？』」金範錫說。

對金範錫來說，破釜沉舟不是新鮮事。「酷澎」先前就改變過商業模式，因為該公司一開始是類似「酷朋」（Groupon）的每日優惠網站。金範錫自己的人生也曾破釜沉舟：他進哈佛商學院六個月就自動退學，認為靠自己可以更快成功。我熱愛在哈佛商學院教書，但對金範錫而言，他的決定絕對正確。

「我已經投入這麼多時間／精力／金錢。」

我們都曾為此苦惱，這是人之常情。我花了四年拚死拚活，才完成福坦莫法學院的夜校課程，而且我始終認為，唯有成為律師，這麼努力才有意義。九一一

31 端對端加密（E2EE）是一種傳訊類型，它使訊息對所有人保持私密，包括訊息服務。

事件後的幾週，我既要打起精神代表市政府應對危機，保留一小部分精力完成法學院學業（更不用說我當時才剛喪母），還要去律師事務所面試，第二年秋天就要開始上班。我收到「世達」（Skadden, Arps）律師事務所的聘用通知，這可能是全球最大，也最負盛名的律師事務所。我已經準備好接下工作，簽了合同，收了簽約獎金，萬事皆備。

結果隔年春天，我從市長辦公室調任，轉而負責領導曼哈頓下城的重建工作。長久以來，我都堅信要得到救贖，就是成為律師。但當時我已經出社會幾年，知道要在「世達」這種規模的律師事務所成為合夥人，道路漫長又渺茫。多數律師無法成為合夥人，即使成為合夥人，之前也得慢慢熬，只能與同期的同事齊頭並進。事務所告訴我，可能要費時十一年才能成為合夥人。表現傑出可能只需要八、九年。「怎麼樣才算表現傑出？」我問。衡量標準就是看你的工時是否比別人長。順道說一句，我離開麥當勞之後就沒再認真記錄工時，我這麼多年來努力創造未來，卻又要回去以工時論優劣，而且這些時間得花在某個地下室開舊檔案箱，拿著黃色螢光筆彎腰駝背地逐行檢查，這個所謂「檢查」的過程似乎更像煉獄。

我很幸運，世達律師事務所願意聘僱我；但我也發現，在那裡上班無法提前出人頭地，但我十六歲以來就不斷加速前進。然而，「世達」的名聲、將風險減到最低的努力，以及最關鍵的沉沒成本——我攻讀法律學位所花費的時間、精神和金錢，讓我難以拒絕這份工作。曼哈頓下城發展公司在九一一紀念館建成後，我不知道下一步會做什麼。但我知道，正確的決定不包括為了成為新人律師而減薪。

我把簽約金退給世達律師事務所。直至今天，我都未參加律師資格考試。不是因為我無法通過考試，也不是因為我將來絕對不肯從事法律工作；而是因為我知道，如果我參加考試，哪怕只留一絲機會，也會讓我難以抗拒。作出日後可能後悔的職業選擇太容易，我乾脆燒掉這艘船。

這個故事有兩個啟示：第一，你可以什麼都試試，再逐一衡量。在我的想像裡，人生就像我小時候愛讀的《多重結局冒險案例》[32]，而改變結局的感覺是多麼

32 *Choose Your Own Adventure*，兒童書籍系列，每個故事均以「你」為主角。

有成就感！

不要讓壓力或常識阻止你體驗不同的生活，當你真正需要作出選擇時，更容易知道你對這個選擇的想法。我曾堅定想當上律師，直到我得選擇哪一天到「世達」上任，不得不面對加入事務就得放棄的一切，我才決定退出。

第二個教訓是關於沉沒成本。但我們很難理解這個概念，因為我們不喜歡浪費金錢、時間或精神，既然買了不能退的票，就必須去聽音樂會，哪怕當天更想待在家裡。知道嗎？錢都花了，現在該選擇對你最有利的下一步，而不是為過去發生的事情找藉口。

我在商場常看到這種狀況。我在「魔法勺」（Magic Spoon）的朋友花了五年時間試圖銷售蟋蟀粉。他們深入研究昆蟲蛋白質，堅信蟋蟀零食會一飛沖天。他們投入金錢、時間和精神，他們本來可以繼續堅持，繼續認為他們必須捍衛最初的信念，直到再也無以為繼的那天。結果某一天，他們想出更好的主意，就是為新生代開發不含蟋蟀的蛋白質早餐麥片，他們全力以赴，開發出可口的產品。跳船的最佳時機往往不是希望破滅時，而是要更早，一旦看到更好的機會，就應該往前一躍。每當你因為已經投入的努力（和金錢）而裹足不前，不妨想想維持現狀的機會成本，沉沒成本可能讓人感到沮喪，但抓住新機會應該能讓你擺脫困境。逝者已矣，無法改變，沉沒成本就讓它沉下去吧。

「我必須繼續做我已經最擅長的事。」

陳安妮（Anni Chen）於二〇一四年在中國推出動漫系列《對不起，我只過1%的生活》（*The 1% Life*），講述中國都會年輕人的奮鬥與抱負。她本可以堅持只創作內容，但她有更大的企圖心，她創辦了「快看漫畫」，這個網站為其他動漫畫家和粉絲而設，每天有一億人次的用戶，得到超過二億四千萬美元的投資。「我之所以選擇這樣的生活，是因為我想創造一些東西。」陳安妮告訴「世界銀行」，現在陳安妮甚至希望為她網站的粉絲創作人工智慧生成的中國風漫畫。她本來可以繼續只當藝術家，卻因為想得更遠，成為了真正的企業家，成為了其他中國女性的靈感來源。「有時候你甚至會遭到質疑，」她說。「年輕女性能像男性一樣做得好嗎？我覺得唯一的方法就是證明給他們看，並且堅持下去。」

另一位不怕向前躍進的創作者是莎拉．古柏（Sarah Cooper）。如果你覺得她的名字很陌生，你至少在網路上看過她的影片。她從事科技業十五年，先後在Yahoo! 和 Google 擔任視覺設計師，並參與設計每天有數百萬用戶使用的 Google 文件（Docs）。但是她一直夢想成為喜劇編劇和喜劇演員。莎拉開始在網上寫部落格，嘲笑科技界。其中幾則貼文廣為流傳，她甚至出版一本書，但真正讓她成名的是她開始對嘴模仿川普總統的記者會，在 TikTok 和 Twitter 上發布短片，她因此迅速走紅，最後主持 Netflix 特別節目，幫吉米．金摩[33]代班主持。最近莎拉的相關報導甚至沒提到她在矽谷度過的歲月，沒提到她多年來諷刺科技界的諧星身分，只說她是對嘴模仿川普的新星。

如果莎拉．古柏堅守崗位，專門從美國大企業找喜劇題材，就永遠無法脫穎而出。如果她擔心浪費自己的技術專才，一開始就不會離開 Google。

「離開 Google 真的很難，」她說。「我花了半年反覆思考，『我應該離開嗎？我真的不確定……』因為我害怕沒有比『Google』更好的工作。」

「有點諷刺，我覺得我放棄了夢想。許多人的夢想就是在 Google 上班，所以我退而求其次的選擇卻是別人的好工作。」（噴射機隊的工作也給我同樣的感受。）

莎拉有勇氣離開，並嘗試全新的事物。最後也得到回報。但即使不成功，我們永遠不會失去已經學到的技能，哪怕現在看不出日後將如何運用。（我們做出大膽冒險時，有時也會忘記這點）我可以想像，有一天，莎拉·古柏會主演熱門連續劇，結合她嘲諷當權者的敏銳度，以及對科技業的冷嘲熱諷。屆時她過往的經歷就講得通，即使要到事後回想才會知道。

天賦不會消失。我每天都用到大學期間擔任記者的技能（在市長辦公室上班之前），向新創企業家提出問題，深入了解他們，了解他們試圖打動我的幻燈片背後的故事。我曾監督數十名律師——就讀法學院讓我更了解他們的工作，保護自己和公司，並提倡每個交易點。記者的經歷讓我學會識別行為模式，對我每天的工作都有莫大幫助。當過政治家幕僚讓我學會如何在殘酷的環境中生存，如何

33 Jimmy Kimmel，美國喜劇演員、作家、製作人和主持人。

應對政府法規，以及如何在權力機構中爭取權益。無論職涯如何轉變，過去所做的每件事都讓我得到新能力，增加我的價值。不要因為害怕浪費原本的技能而裹足不前，從長遠角度看來，各種不同的技能和經驗只會讓你更有能力。

「但別人都看不到這個機會——我需要先得到一些支持。」

這個觀念最讓我氣餒，我真想在屋頂上大聲疾呼。等別人看到，機會就不是機會了。到時就沒有先發優勢，利潤也非常少。如果你等人認可你的願景才採取行動，那就太遲了。

「魔法勺」創辦人順從直覺，從蟋蟀零食轉向麥片，如果他們聽從專家意見，就不會有今天的成就。外界認為麥片是死胡同，沒有創意，形象惡劣，銷售疲軟——總之就是雜貨店不合時宜的甜食。但他們看到機會，可以將研發蟋蟀零食學到的知識，運用到全新領域。如果把人們對童年麥片（如「彩虹棉花糖」和「家樂氏香甜玉米片」）的懷舊情懷結合當前的健康趨勢和生酮飲食呢？

主打健康的麥片包裝往往乏味無趣。如果包裝變得有意思呢？他們帶著無懈可擊的方案走進我的辦公室，我認為產品聽起來新穎、與眾不同，可以風靡麥片市場。我是他們的早期投資人，不出幾年光景，他們的公司估值就有九位數。二〇二二年六月，他們拿到八千五百萬美元融資，投資方是 Amazon 創辦人貝佐斯（Bezos）的兄弟馬克（Mark）共同創立的公司。當時，其他人是否也看到這個機會？不可能。難道他們就不該抓住這個機會嗎？當然不是。

如果機會顯而易見，風險降低，你才肯出手，就永遠無法從中獲利。這就像閃電和雷鳴的區別，光速比音速快得多。我們看到閃電，要等上好久才會聽到隆隆聲。多數人不會看到閃電就採取行動，他們會等雷鳴聲響起，確認無誤才行動。

最好你獨自行動，不要等待大眾跟上，否則資訊無法套利。追隨別人的腳步很容易，但從零開始，開拓原先不存在的市場困難多了。你在那個市場才能捷足先登，找到最大機會，所以看到閃電就行動吧。

你可能會問，如何訓練自己比別人更早發現這些機會？首先，在你已經了解的領域磨練模式識別能力，讓自己處於擁有「業界獨到見解」（proprietary insights）的位置。創業不需要獨特的產品，只需要你自己獨一無二、可實踐的洞察力。決定自己想了解哪個領域，飽覽所有資料，尋找尚未遭到質疑的群體迷思[34]。什麼是一般常識，你該如何顛覆？

喬・貝恩（Joe Bayen）從法國遷居美國，成為黑人企業家中的佼佼者。他深知，沒有選舉權的人（窮人、移民等）在提高信用評分時會面臨諸多困難，最後陷入無可擺脫的貧窮迴圈。他先創立 Lenny Credit，透過電話向學生和千禧世代提供一百至五百美元的小額貸款，幫助他們建立信用紀錄——但該公司難以找到願意貸款的銀行進行合作，所以很快就燒光資金。不過貝恩並未氣餒，雖然創業的理由不變，這次卻改變做法，創立 Grow Credit 公司。該公司與萬事達卡合作，貸款給用戶支付 Netflix、Spotify 和 Amazon Prime 等每月定期訂閱費，用戶可以透過這些更小額的貸款提高信用評分。他沒有獨特的發明或智慧財產權，只是堅信自己投入偉大的志業，並且勇於追求。

「那已經是最後關頭，」他告訴我。「我用信用卡貸了最後一筆十萬美元的資金，幾週後，萬事達卡加入我們的行列，然後又有三家銀行跟進，最後我們從十幾位投資者那裡籌到一億六百萬美元。」我是其中一個，也相信喬的使命。「這件事絕對不容易，」喬說，「但當你懷抱無私的心，理想又比帳戶數目更重要，純粹想為這個世界做點好事，就更容易堅持不懈、永不放棄。」

喬和「魔法勺」的幾位創辦人不等別人證實他們的想法，事實上，他們完全相信自己的直覺，即使面對「失敗」，也堅持向前邁進。如果你知道自己有個致勝的想法，那就放手去做，不要理會反對聲浪。

蜜雪兒・柯黛羅・葛蘭特（Michelle Cordeiro Grant）的故事，說明當你對某個領域有獨到見解，會產生多大的顛覆性力量。她當時在 Victoria's Secret 上班，覺得公司的行銷方式不能滿足女性需求。Victoria's Secret 專攻性感撩人的內衣市場，但想穿得有自信、為自己打扮，而不是為了取悅伴侶的女性呢？

她知道很多女性選購內衣並不覺得開心。她們不愛買，又不得不找個地方購買。蜜雪兒有業界的獨到見解，她發現市面上的品牌無法與女性產生共鳴。她只

34 groupthink，心理學現象，團體在決策過程中，因為成員傾向採取與團體一致的觀點，導致整個團體缺乏不同的思考角度，不能進行客觀分析。

要知道這一點就能開始打造革命性的品牌。蜜雪兒創立 Lively，這家內衣電商是透過社群媒體分享。她先對品牌的各層面進行焦點小組訪談[35]，了解女性的需求、對什麼有共鳴。蜜雪兒舉例：「我們發現大家不想說『內褲』或『內衣褲』，稱為『內衣』感覺更舒適，也更普遍。」

當時不確定這種方法是否正確。蜜雪兒說：「人們問我為何投資社群，他們說社群沒有投資報酬率。但我知道我們必須與其他品牌有所區隔，這個社群就是我們的差異化優勢。」

當蜜雪兒的電郵清單瘋傳時，她知道他們找到了致勝品牌。確定公司產品和理念時，起初蜜雪兒的電郵名單只有五百人，她請收件者推薦朋友。不到四十八小時，五百人就增加到十三萬人，伺服器因此當機。蜜雪兒並不是擁有獨特新產品的設計師，也沒試圖打造全新內衣類別。她的洞見僅僅著重於女性，以及她們購買商品時的感受——短短幾年內，她就成功打造 Lively，據稱後來以一億美元賣給日本的華歌爾公司。

我的朋友馬克・洛爾（Marc Lore）數度創業，先後售出 Diapers.com（以五億四千五百萬美元賣給 Amazon）和 Jet.com（以三十三億美元出售給 Walmart），成為傳奇人物。當年他發現，因為運費太貴，沒有人在網路上以合理的價格銷售尿布，因此創立 Diapers.com。他得到這個點子的方法是任何人都會用：「我就坐下來查 Google，隨意搜索各種關鍵字，看看這些詞被搜索多少次。」馬克回憶道，「當時孩子剛出生，我碰巧搜尋『尿布』，發現這個詞一個月被搜索數十萬次。當時還沒有人在網站上銷售尿布，就連 Amazon 也沒有。我心想，尿布體積龐大、笨重，人們討厭去店裡買，所以我想，如果能讓爸爸、媽媽們以低價購買尿布，還能隔夜送達，我們就能抓住這些客戶，他們也會從我們這裡購買其他商品。」

洛爾以虧本價出售尿布，引導顧客購買網站其他嬰兒用品（如衣服、嬰兒車、

35 focus group discussion，一種謹慎規劃的系列討論，用以在一個舒適、包容的、無威脅性的情境進行一系列的討論，目的是了解人們對於一個特定的議題、產品或是服務項目的感受與意見。

奶瓶等）來彌補利潤。起初，他接到訂單，就前往附近的「好市多」和BJ批發俱樂部等大型超市購買貨架上的尿布（價格高於他的售價），然後送貨給顧客。他在尿布上虧了一大筆錢，卻從其他方面補回來。最後Amazon不得不買下這家公司。

馬克告訴我：「我知道很多想創業的人說他們沒有好點子。但我認為這與點子無關，真的。我見過糟糕的點子大賣，也見過好點子失敗。關鍵在於執行力、熱情、動力和毅力。你只需要稍微調整已經奏效的事情，那就夠了。」

無論我們是否意識到，隨著日子一天天流逝，其實我們每天都接觸到大量資訊。如何解讀這些資訊，就決定了我們的獨特性。我們的天賦在於發現別人看不到的東西，這些洞見引領我們跨出最值得的一步，如果你現在不把握機會，其他人就會趕上。不要自欺欺人：延遲實現夢想就是拱手讓出夢想。如果你發現某個領域的獨到見解，要知道，你不會獨占太久。

「我想做，但我無法承擔全力以赴的後果。」

有研究證明，跨出半步——先伸腳試探，但尚未縱身跳下，還有退路——對我們有害。幾年前，賓州大學華頓商學院的研究人員對兩組受試者指派相同任務，並提供同樣的計畫。一組受試者被告知，想一想有沒有能達到同樣結果的其他方法——換句話說，就是想出B計畫。該組的表現不僅比沒有後備計畫的小組差，而且完全失去得到成功的動力。他們已經不太在乎輸贏。

後備計畫讓你覺得更安全，幫助你面對不確定性，但也降低你實現主要目標的機率。光是擬定B計畫的行為就會啟動反饋循環[36]，大大降低A計畫的成功機率。你耗費太多精神作應急計畫，而不是專注於成功。

阿諾．史瓦辛格（Arnold Schwarzenegger）曾發表過題為「我討厭B計畫」的演講，該演講是YouTube的熱門影片，觀看次數達數百萬次。

史瓦辛格解釋：「B計畫成為安全網。意味我如果失敗……還有其他保護措施，這不好，因為沒有安全網，人們會表現得更好。」

這就是我所說的破釜沉舟。你不能浪費精力尋找退路或替代方案，你需要投入全部精力，否則永遠無法實現目標。你應該思考**「下一步該怎麼做？」**時，卻

36 feedback loop，電子郵件發送業者與不同的ISP業者之間必備的溝通機制，它是用來讓電子郵件發送業者與ISP業者防止垃圾郵件的濫發，同時也確保正確的電子郵件正常發送。

問**「要是那樣又如何？」**來破壞你的夢想。

如果你擔心自己不會成功，相信我，你已經失敗了。

我在噴射機隊任職八年離職，沒有人會離開這種工作（有些同事在那裡服務了數十年），而且我很快就升到最高層。我事業有成，卻還是夜不成眠。我環顧四周，看到有些人做了三十年，仍然熱愛辦公時間的分分秒秒，但我不一樣。我就像莎拉．古柏，擁有許多人夢寐以求的工作，但我無法因此認定這是**我的**夢想工作。

我開始幻想自己還能做什麼。如果這本書你讀到這裡還是一無所獲，起碼記住這一點：一定要認真對待你的幻想。當你的大腦指出某些事情，不要置之不理。對我而言，被糟蹋的潛力就是我的幻想。不是我的潛力，至少不完全是，應該說是噴射機隊未經開發的潛力。對我們這種知名球隊來說，機會無處不在。我們有機會投資，並成為幾乎每種重大消費創新產品（如 Facebook、YouTube、Snapchat

和Pinterest）的早期使用者。但美式足球是成熟、穩定、獲利的企業，表面上說是維護品牌，或套句ＮＦＬ的術語「保護盾牌」[37]，但這其實只是巨大的惰性。

我總覺得這種做法太矜貴。就創新而言，體育聯盟和球隊往往非常落伍，從未走在時代尖端。接納未經證實但大有前景的科技門檻太高，鑑於他們所處的業界如此穩固，這種態度也許很明智。但我已經覺得沒意思了。

相反地，我的願景是以噴射機隊這類球隊為中心，建立公司與投資機會的網路。想一想，利用球迷基礎和體育隊伍的崇高地位，可以連結數百萬粉絲，打造囊括許多優秀企業的商業生態系。沒錯，我率先使用Twitter接觸受眾，我們在ＮＦＬ一度擁有最多粉絲，但我也看到我們錯失了各種機會。我覺得我沒有發揮自己所有的才幹，我希望我的工作環境能不斷成長、驚濤駭浪，而不是管理沒有太大問題的業務。無論我有何決策，我們都有電視轉播合約，球迷仍然會買票去看噴射機隊上場。

所以我辭職了。

37 protect the shield，因為ＮＦＬ的標誌是盾牌。

很瘋狂吧？我這份工作非常穩定，至少在當時是。也許我可以試試水溫，先玩票投資小公司，看看自己是否有能力幫助別人創業。但那只是真正嚴肅的正職工作之外的半吊子玩票，不會成功。

結果我離職時並沒有具體計畫。我籌集資金，開始小試身手地投資，參加了一些會議，度了個假。你可能說這種行為很魯莽，但繼續走一條絕對不會讓我快樂的道路才不理智。我們花太多時間保留已有的事物，卻忽略可能失去的機會。

事實證明，不是只有我對美式足球界抵制創新感到沮喪。我離開噴射機隊不久前，史蒂芬·羅斯買下邁阿密海豚隊。我們曾在會議上見過，我離開球隊之後，他想知道我離職的原因。他需要了解美式足球業務的人幫助他的團隊上軌道。但是身為創業者，他非常了解我在足球隊業務之外所渴望的能量。如同我日後看出傑西的不同，史蒂芬也看出我身上有某種特質。

客觀說來，史蒂芬認識我的時候，就我的工作經歷而言，沒有任何蛛絲馬跡顯示我會成為優秀的投資人，或有能力輔導別人創業。我從未投身私募股權公司。然而這位世上最成功的地產開發商、最活躍的企業家卻給我機會，讓我運用他個人資產的數億美元，打造以體育為中心的龐大消費投資組合。我不是哈佛畢業生或洛克斐勒的後代，只是一個來自皇后區的孩子，當年只有高中同等學力證明。他看出我的潛力，因為他已經知道我的人生經歷。在史蒂芬漫長的職涯中，他成功的關鍵在於識別、任用人才，不考慮社會中那些造就贏家的既定思維。他知道我的背景不該掩蓋我的才華；他知道我們之所以成功是因為靠自己，而不是我們的出身。

結果我們是完美組合——我利用從噴射機隊學到的經驗幫助他帶領海豚隊走上正軌，但我多數時間都在打造RSE創投，這家公司找到優秀領袖創建的偉大品牌，並與他們合作，改變世界。這是我在噴射機隊永遠無法得到的機會，如果當初我不願意冒險躍向未知的世界，我也永遠不會發現這個機會。

阻止**你**的原因又是什麼？

有些人說，他們不能全力以赴，因為他們要養活自己。但他們沒有抓到重點。

運用常識降低風險，兼兩份差、三份差，全力以赴不是沒有下檔保護[38]，你的帳戶可以有存款。我離開噴射機隊時當然有積蓄，我沒打算流落街頭。你不需要斷絕人際關係、破壞名譽，也不必讓自己再也無法找到工作；你不必拿房子去借二胎房貸、不必拿孩子的大學基金冒險，也不需要住在車上。但你的確需要**全力以赴**。當你制定後備計畫，然後制定更多計畫來輔助後備計畫，保護策略就會阻礙你邁開步伐。

你可能納悶，**不必顧及多樣化嗎？**我們都應該明白分散風險的好處，不要把所有的雞蛋都放在一個籃子裡（還是未經證實、不確定、又沒保障的籃子），但我相信，加強信念可以減輕疑慮。多樣化的程度與你對成功的信心成反比。將精力分散在眾多機會上，導致無法全心投入某一項，反而適得其反。

我知道邁出這一步很難。在我決定創辦特別併購公司（SPAC，special purpose acquisition corporation），最後甚至有機會去紐約證券交易所敲鐘，我猶豫良久。我覺得時機不對，事實證明確實如此。我相信我和團隊能夠克服障礙，並且對組建SPAC團隊懷抱明確願景，希望公司找來各有不同專長的人才，包括行銷、資訊傳遞等我所認識的商業奇才，為我們選擇上市的這家公司創造價值。

歸根究柢，我不認為我的策略有錯，但有些問題無法克服。二〇二二年初，人們對通貨膨脹的擔憂日益加劇，納斯達克指數也差一點創下有史以來最糟糕的一月（一度從高點下跌超過百分之十八），這時的明智決定就是懸崖勒馬，而不是繼續推動注定失敗的事業。

我仍舊慶幸自己冒了這個險。我從中汲取經驗教訓，並因此結識了不起的企業家尚恩．哈波，在我們結束SPAC合作關係不到一個月，他獨自籌資七千五百萬美元。我這次的冒險沒有回報，但如果不冒險，就永遠不會成功。我清楚看到整個過程，這次經驗絕對有助於下次實現更遠大的抱負。

我在書裡談論我的失敗，因為我不想假裝自己每次都能成功。我不會說你可以順心如意，沒有人能保證成功，每種追求都會帶來損失。想想你可能犧牲的事

38 downside protection，投資用語，意指就算公司業績不佳，投資人至少能收回投資本金。

物：與家人共度的時光、你的積蓄、從事其他想做的事情的機會，但也請記得自己可能得到的回報，無論是有形或無形。至少剛開始時，多想想「為什麼」，而不是「怎麼做」。你要下定決心，這是你的人生旅程，過程中的成敗只是其中幾段章節，你的故事更宏大。

你們得接受這個反直覺的想法，我們與風險的關係根本前後顛倒。我們以為承擔風險之前，必須確定並制定解決問題的理論方案，也就是所謂的「謹慎」。我認為事實恰恰相反。如果我們先準備好解決方案，再去追求目標，就沒機會證明自己在壓力下工作的能力。先有問題，才有解決方案。如果你只需要大概知道如何解決問題，如果你總是先行動，直覺就會幫你完成剩下的工作。

轉眼間，你已經上路。

你下水了。

沒有回頭路了。

PART

2

斷絕後路

CHAPTER 4

充分利用焦慮

CHAPTER 5

欣然接受每個危機

CHAPTER 6

打破阻礙你前進的模式

CHAPTER

4 充分利用焦慮

「焦慮可以激發最佳表現」這個概念讓我立刻想起艾瑞克．曼奇尼（Eric Mangini）。艾瑞克在二〇〇六年至〇八年擔任噴射機隊總教練，我在那段期間與他共事。他極度注重細節，上任第一個賽季就帶領球隊進入季後賽（前一年球隊成績才四勝十二負），他因此獲得無人可匹敵的「曼奇才」（Mangenius）綽號。

曼奇尼不斷尋找優勢。他對噴射機隊訓練的每個層面都一絲不苟，甚至連挑選音樂都很嚴謹。他的目標是不斷打破球員的慣例，讓他們離開舒適圈。他要他們跳芭蕾或學拳擊，只要能讓他們擺脫常規，他都願意嘗試。二〇〇六年，季後賽即將開賽前，他帶球隊去偌大的室內足球場練習。這個足球場的屋頂離地三十六點五公尺，最有天賦的ＮＦＬ射門員也踢不到。這種高度也會產生震耳欲聾的回音。但這是個問題嗎？曼奇尼不覺得。對他來說，這是個特點，不是缺陷。他希望球員無論碰到什麼干擾，都能拿出最好的表現。

光是回聲還不夠？曼奇尼播放重金屬和饒舌音樂，音量之大，球員在攻防線都無法聽到彼此的聲音。球員用手摀住耳朵，也無法阻擋噪音，只能靠擺手溝通。場面一片混亂，卻正中曼奇尼下懷。

他的瘋狂做法有其道理。當球隊前往明尼亞波里斯都會巨蛋體育館（現已拆除）時，喇叭和回音正是在模擬他們將會遇到的、震耳欲聾的喧鬧聲。曼奇尼的口頭禪是「平時的訓練就等同上場比賽」，他的目標就是讓球員承受適當壓力，模擬比賽當天的環境，但壓力又不能太大，以免影響表現。「我希望他們習慣不舒服的感覺，」他告訴我，「這樣才能成長。噪音逼他們用語言之外的方式溝通，這是比賽的關鍵優勢。如果我能讓他們熟悉比賽當天的環境，就能為球隊創造真正的優勢。」

曼奇尼甚至將噴射機隊訓練室改造成「大腦戰場」，由前上校路易士．喬卡博士（Dr. Louis Csoka）負責，他曾打造美國陸軍第一個體能提升中心。訓練中心能請到喬卡博士實在太棒了，他在球員的頭上接上另一端是電腦螢幕的電極，這樣他們就能監控並試著改變自己的腦波。這個做法的理論根據是情境意識和自我調節，球員可以想像自己在足球場上表演絕技，並即時觀察自己的思維。即使面對莫大壓力，透過練習，也能運用呼吸技巧讓自己更放鬆。

有用嗎？我不知道。本來就不可能帶來翻天覆地的改變。我們在季後賽輸給新英格蘭愛國者隊（New England Patriots），二〇〇七年大敗，戰績又回到四勝十二負。曼奇尼的方法沒有發揮魔力，也或許是因為我們做得還不夠。不過把球員逼到極限，提高他們應對壓力的能力，這個想法的確有道理，針對焦慮的科學研究更能證實這一點。一九〇八年，兩位哈佛心理學家提出日後所謂的葉杜二氏法則（Yerkes－Dodson law），這個經過證實的理論主要研究擔憂和焦慮。他們發現，焦慮與工作表現的關係呈鐘形曲線。你需要適量的憂慮（但不要過多）才能發揮最佳狀態，而訣竅不是消除生活中所有的壓力，而是適當利用壓力追求夢想，利用壓力當成催化劑。

這一章探討如何找到最適量的焦慮，足以讓我們有所渴望、有動力、有效率，又不至於讓我們嚇到動彈不得或過勞，造成重大危害。在追求目標的旅程中充分利用焦慮有四個步驟：審視自己，確保自己處於最佳狀態，追求的也是正確目標；利用焦慮情緒有效提升表現；警惕自己是否已經到達極限；養成生活習慣，利用正確方法控制焦慮情緒。

花時間審視你的身體和情緒

「Ne te quaesiveris extra.」這是愛默生（Emerson）在〈自立〉寫下的第一句拉丁文，意思是「不要向外尋求」。我們請教專家、觀看 YouTube 影片、瀏覽書店架上書籍，卻從未想過自己是否已經擁有答案。「自我覺察」完全在你掌握之中，也是創造價值的最大泉源，你只要捫心自問：**你舒坦嗎？**

如果答案是肯定的，那就有問題了。覺得舒坦表示你還有多餘的能力，並未發揮最大潛力。除非你正在休養生息，為下一次出發積蓄能量，否則不該感到舒坦，舒坦是偉大人物停滯不前的表現。

凱特琳·伍利（Kaitlin Woolley）教授和艾雅蕾·費雪巴赫（Ayelet Fishbach）教授長期研究「不適感如何促進個人成長」。她們發現，參與一系列對情緒造成風險的活動（參加即興喜劇課、寫下艱難的經歷或試著與觀點完全相反的人打交道），最不舒適的受試者得到的個人成長最大。她們寫道：「與其逃避成長期間不可避免的不適，人們應該將其視為進步的徵兆。成長往往伴隨著不適；我們發現，擁抱不適感可以激勵人。」改變你與不適感的關係，將其視為反饋循環，而不是視為內心的求救。

只有直升機才會盤旋——人類不進則退。如果人們（和企業）不付出極大努力維持自己的地位，不斷成長，就會退步。最成功的企業採取雙重策略，一方面淘汰日漸式微的點子，一方面體現不斷改造的文化——不斷改造是非常困難的一件事。感到不適會讓人痛苦，但覺得痛苦是應該的，因為成長本來就令人痛苦。如果審視自己的一天，發現大半時間都在進行你已經精通的工作，那就過得太安逸了。即使目前的任務成功，你也不會把它寫進傳記裡，那又何必白忙一場呢？

我總覺得人生有件事遭到剝奪。我熱愛皇后學院，但以前沒機會證明自己是否能在最競爭的那群人當中分出高下，畢竟我是高中輟學後才進入大學，而且得住在家裡照顧母親。所以我只能選擇離家近、學費低的公立大學夜校。如果我在正常家庭長大，擁有普通的童年，面對多數孩子都會遇到的平凡問題，不知道人生是否大不相同，**例如我寫完作業了嗎？我能約到女伴去參加畢業舞會嗎？**相反地，我得擔心那一週能不能買得起晚餐？母親無法從床上起身時，我該如何給她擦澡？她今天半夜會不會停止呼吸？當她絕望至極，威脅要「結束一切」時，會不會真的尋短？

我相信自己的能力。我想，如果有機會，我本來可以進哈佛大學這類名校，但我也知道這只是我自以為是。任何人都可以說這句話，我永遠無法驗證，這個事實讓我備受煎熬。我一直希望證明自己在學校可以和別人一樣出色，卻始終無法實現這個願望，我極度渴望能得到驗證自己是不是學霸的機會。

我永遠不可能成為哈佛的學生，我知道。我已經四十五歲，合適的時機早過了。有什麼事情比上哈佛更好？我喜歡教學、喜歡指導別人，一直想在正式場合做這件事。如果能去哈佛教書呢？一旦有了這個想法，我就迫切想要實現，並感受到渴望的悸動。所以，現在的我必須追求這個目標。

經過好幾個月的往返溝通——過程漫長，就為了淘汰某些打給哈佛的知名人士，因為有些人想「回饋」，卻無意付出努力準備成功的教案——他們終於答應讓我在冬季班開設一門短期密集課程，學生可以趁機深入研究學期中粗略提到的特定學科領域。課程主題必須切合當代、未經研究、我還必須是該領域當仁不讓的專家。

「麥特不具備任何在哈佛商學院任教的典型背景，」在哈佛商學院全職任教四十多年，同時也與我共同授課的教授萊恩・施萊辛格（Len Schlesinger）回憶，「我們來回溝通的內容多半是，我需要得到說明，他們為何想教課，以及我們為何該感興趣。我多年前開始提出一個問題，這個問題從未讓我失望：你比世上任何人更了解什麼事情？當我問麥特，他立刻說是直接面對消費者的行銷領域（DTC，direct-to-consumer）。他說他身為投資者，並且與其他投資者和企業家密切合作，所以他對哪些做法可行、不可行，有獨到見解。更棒的是，他向我保證，如果我們讓他在這個領域施展身手，他也能把人脈介紹給學生。」

我和學生交談時，發現商學院的教學內容缺少DTC領域。教職員中鮮少有業界人士，學生不太有機會接觸這個日新月異的世界。有些公司可能在短短幾年內就從提案階段變成獨角獸，比哈佛商學院使用的多數研究案例更近代。哈佛商學院所缺乏的正是將課堂與業界結合，而我支援世界頂級DTC品牌多年，絕對有能力做到這一點。最後，我成功說服萊恩。而現在，我必須兌現承諾。

因為未預設需要在商學院課程傳授多少內容，我們擬定瘋狂的陣容和時間

表：二十幾位DTC創辦人會在四天內來課堂上與學生交流，學生原本沒機會認識這些企業家，也沒機會接觸，現在卻能一個接一個向他們討教。

隨著開課時間逼近，我開始感到焦慮。我該怎麼做？為了與二十多位創辦人深入交流，探究他們獨特而深刻的見解，我需要大量的準備。當時萊恩告訴我，只有從未在商學院授課的老師，才會提出如此大膽的建議。

現在準備接受Podcast採訪，我都相當嚴謹。我會花上好幾個小時閱讀、學習我能找到的所有資料，盡可能準備好與新朋友對話。我得為哈佛商學院創造新流程，而且要連續執行二十二節課。就許多層面而言，我當然該焦慮。除了平常的全職工作之外，我準備了將近一年。（當然，那些案例也寫進書裡，造福讀者。當時我並不知道，我同時也在奠定基礎，所以後來才能在書中分享這些故事。）

為了上課的一百位學生，我們邀請的人包括蘿莉·葛雷納、傑西·德瑞斯、克莉絲汀娜·托西和蓋瑞·范納洽[39]等，他們與我一起從各個角度剖析DTC領域，盡可能深入探討。我希望這是身歷其境的感官體驗，強烈到讓學生永生難忘。

39 Gary Vaynerchuk，美國網路傳奇、連續創業家、社群媒體專家、YouTuber、《紐約時報》暢銷作家。

某天早上，我們請來格隆考斯基兄弟——四人都效力於ＮＦＬ（老大曾打過職棒），其中還包括日後名人堂的強力邊鋒、綽號「格隆克」（Gronk）的羅伯——帶學生一起揮汗，藉此比喻新創企業家精疲力竭的日子。另一次則請老菸槍雙人組樂團（Chainsmokers）從洛杉磯進行直播，示範名人效應對投資的影響。我們與「魔法勺」共進早餐，和克莉絲汀娜·托西一起預覽新推出的餅乾系列。

「幫學生上這種四天的課程，業界人士只需要相信自己是專家，不必事先準備，對他們而言，其實很容易，」萊恩解釋，「但麥特為課堂帶來截然不同的觀點，他付出的努力遠遠多過類似課程的多數授課老師。」

我全力以赴。我把家裡三樓布置成模擬教室，搬來一塊大黑板、粉筆和板擦。我買了書法練習本練字，半夜還在修改幻燈片。哈佛要求我全力以赴，我也希望做到最好。如果我教得只是馬馬虎虎，即使哈佛不再邀我去開課，日子還是會繼續過下去——但我想向自己證明，我可以有不凡的表現。

「麥特希望知道學生的反應，」萊恩說，「他真的有在消化吸收，迅速調整。在哈佛商學院授課的焦慮，會讓很多人對學生的回饋反應遲鈍，這種焦慮會讓他們無所作為，麥特反而非常渴望得到回饋。」

課程結束後，我讓學生填寫時間，與我單獨會面。我希望知道自己可以如何幫助他們規劃人生、工作。道別時，有個學生悄悄遞來手寫的紙條，上面寫著這是他在哈佛商學院上過最有影響力的課程。現在桌上還有那張裱框的紙條，證明我們在接受焦慮，擔心之餘，若能持續全力以赴所能得到的成果。

這門課成為哈佛極受歡迎的密集課程，我現在是哈佛商學院的高階主管教師，每年都會共同教授這門課。萊恩說：「很多學生都說這門課終於讓他們看到自己的未來，特別是我們介紹的三分之二企業家都是女性，選課的學生也有六成是女性。這些內容在商學院其他課堂上都學不到。」

我拚命努力，希望那堂課上得成功，因為對我而言，這是非常重要的目標。這也是我們要問自己的第二個問題：**你的目標是否正確？**

不是要你為了不舒坦而感到不舒坦，是因為值得，所以才可以忍受不舒服。你必須真正理解你的**原因**。什麼事情對你意義重大？想像你成功了，並且做得很好，想像你會成為什麼樣的人？有何心情，又會出現哪些機會？這會讓你感到渴望，為了追求目標，你能在所不惜嗎？我經常思考這些問題。我想像自己穿越到未來，想像自己走出哈佛商學院的演講廳，點亮一百個學生的人生，然後我問自己，為了達到這個目標，有什麼事情我不能忍？

答案就是，我為了實現自己一心一意要達成的目標，幾乎什麼都肯做，無論是取消計畫已久的假期、延遲購屋，還是投入好幾週甚至好幾個月辛勤工作、熬夜加班，放棄一時的短期娛樂。我願意忍受陌生人的嘲笑，忍受朋友和專家的質疑。

我的試播節目中有一對夫妻完美詮釋這個理念。莎曼珊和愛德溫的故事具備所有童話要素：愛德溫的家人從事珠寶生意，他們準備幫愛德溫訂製求婚戒指；這對準夫婦存夠了錢，足以舉辦夢幻婚禮，他們在大企業的工作也為未來提供了合理保障。

莎曼珊說：「戒指可以見鬼去。」

他們把買戒指的預算拿來當房子頭款，計畫將屋子改造成民宿，賺取額外收入。後來新冠肺炎疫情爆發，他們放棄民宿計畫，搬進這間房子，接著又因為房市升溫，他們賣掉房子，賺進十萬美元的利潤。加上他們決定不花錢辦婚禮，所以有足夠的錢冒險，買下一家公司。

莎曼珊解釋：「當時我們開始籌劃婚禮，但我卻不太興奮，婚禮的重點反而是其他人，而不是我們可以如何幫助自己，為人生和事業創造動力，向前邁進。相較之下，創業似乎更有成就感。」

如果你不願意為了達到目標有所放棄，這個目標可能就不是對的。你必須真心渴望，而且必須出於正確的理由。我當然也有追逐錯誤夢想的經歷，那時我的動機不純，可能是來自虛榮、尋求認可、想得到吹捧或出於怨恨，或者我對結果太執著，以致看不清事實。我們有時會自欺欺人，在沒有基礎的情況下追求突破，可能是因為我們沒有實現目標的能力，或是那個目標根本無法實現。

回想創辦 RSE 初期，我非常渴望證明自己是嶄露頭角的企業家。我早期創立過一間名叫「跳座位」（Leap Seats）的公司，我堅信自己擁有顛覆傳統的洞察力，不肯考慮不成功的可能性，但我看著噴射機隊和海豚隊的比賽，卻看到球場空蕩蕩的座位。在足球比賽中，坐在季票座位的人多半不是持票者本人，而是朋友或從第三方轉售網站取得門票的人。體育館可容納七萬五千名觀眾，我們不知道其中五萬名觀眾是誰。當時還沒有數位票務，我們無法接觸到這些人，也無法向他們推銷。

我覺得我們可以出售第一節比賽後空著的下排座位，也就是離球場最近的座位。消費者登入我們的應用程式，付十美元，就能在第一節之後移動到更好的座位；付五十美元，就能在賽後享受特殊時刻，例如進入球場與前球員合照。我招募了對門票業務瞭若指掌的優秀執行長安卓莉雅・帕格納利（Andrea Pagnanelli），我們從頭打造完整的應用程式。但當時的我，卻從未停下來問自己，我是否太熱中這個想法？會不會有疏失？

結果的確有。

我忽略一件事，票務即將數位化，這個點子就會失去意義，至少不能只有這項業務。這只是一項功能，不是一門生意。如果我在「票務大師」[40]上班，可能會因為這個點子升官……但我不是。如果我不打算利用這款應用程式賣門票（我絕對不想），這個想法就不值得投資。

自信與幻想只有一線之隔，創業的確需要依賴這一點。如果不讓自己擁有一丁點幻想（例如，沒問題，我當然可以順利教完哈佛商學院的課程），你永遠不會嘗試自己能力範圍以外的事情。

但你不能永遠欺騙自己。你需要自知之明，了解自己是誰，了解世道，以及自己到底能達到什麼目標。我最終決定放棄「跳座位」這家公司。安卓莉雅非常適合填補另一家公司的職位——我也不想失去重新部署她的機會。我恍然大悟，不因為害怕承認自己犯錯，以致無法作出正確決定。

讓恐懼推動你更上一層樓

我十六歲時，走進國會議員蓋瑞・阿克曼的辦公室，開始做時薪九美元的工作，當時我快嚇死了。我得證明自己的價值，每天都害怕被人發現我是什麼都不懂的……好吧，幾乎一無所知的小屁孩。這種恐懼驅使我竭盡所能，設法提高自己的價值。

阿克曼的競選經理是脾氣暴躁、老派、抽駱駝牌香菸的五十多歲老菸槍。某天下午，他需要有人幫忙整合文件。他需要影印（用老舊的點陣印表機）數千封

40 Ticketmaster，美國門票銷售、分銷公司，成立於一九七六年。

信函給支持者，但每封各有不同的名字和地址。那是一九九一年，對於十二歲以上的人而言，電腦依然是個謎團。

我先前從未擁有電腦（我們甚至沒有洗碗機），但我想逞英雄，我太害怕當不了英雄，我說我會搞定。「我稍微懂點電腦。」我自告奮勇，以為自己夠聰明，一定有辦法。當天大家都下班了，我整晚都在測試、嘗試和學習，因為一封又一封的信都對不上信封標地址處的透明膜，我強忍淚水。到了早上，我終於解決問題。競選經理到辦公室，發現工作已經完成，我則睡死在一堆紙箱上。

「他宣稱精通電腦，我正需要這種人製作人口統計清單，」阿克曼的競選經理多年後在《公關週刊》（*PR Week*）上提到我，那是早期關於我的媒體報導。「（他誇大自己的能力，）但他學會了。他教會自己，給我留下了深刻印象。」

初選結束，進入大選階段，當時已經沒有職缺。所有人都被解僱，只有我例外。

我雖然年輕，但為了在工作上求表現，恐懼促使我學會重要的一課：無論差事多麼乏味、繁瑣，只要獲派任務，都要讓自己變得不可或缺。如果有人認為某項工作很重要，願意交辦給你，這項工作就很重要，必須好好做。即使十三歲時，在當地麥當勞的兒童派對區做清潔工作，我也知道必須想辦法讓自己無可取代。我跪在地上，檢查蘑菇形狀的桌子下有沒有乾掉的口香糖（當然不是孩子留下的！），我很快就晉升為派對區維護組長，任務是確保每天下班前，餐廳每個縫隙和角落都沒有麥克雞塊的殘渣。（在當時，打掃雞肉屑似乎比清理口香糖更像進階任務。）

恐懼可以為你辦到各種了不起的事情。馬克．洛爾談到恐懼如何推動他更上一層樓。「當你面臨生死危急的關頭，一旦失敗就無法養活一家人，這時就會找到高速的第六檔，最後做出你從來不覺得你辦得到的事情，」馬克告訴我。「即使在我有錢之後，我仍然讓自己維持那種心態。我打造後來賣給『Walmart』的電商公司 Jet 時，向所有認識的親朋好友募資，就是為了激勵自己全力以赴。我不能輸掉父母的錢，也不能失去親友的投資。我賭上自尊，我沒有回頭路。」

為了大獲全勝，你得將恐懼轉化為行動，把焦慮當成工具，讓它推動你不斷前進。

絕不能被恐懼擊垮

喜劇演員蓋里・古爾曼（Gary Gulman）從事脫口秀表演二十多年，以此為生，卻始終沒有重大突破。身邊的人不知道他從小為焦慮症和憂鬱症所苦，而且當時就快被壓垮。二〇一五年，他在紐約市海蘭歌舞廳（Highline Ballroom）拍攝Netflix特別節目，以為自己的事業終於要起飛。古爾曼說：「我以為這是我的最佳作品，但反應平平，就是不受歡迎。後來花了一年才賣給Netflix，也沒有太大迴響。」

不久後，古爾曼的父親去世，這兩件事讓他陷入兩年的重度抑鬱。他幾乎無法工作，被迫搬離紐約，住回麻州皮博迪（Peabody）的童年臥室。某次演出之後，他獨自一人待在飯店客房，差點想自殺。「喜劇演員以邋遢聞名，可憐的清潔女工週一早上進來打掃，看到這個場景作何感想？」

最終經過一段時間的治療——除了不斷調整用藥，還住進精神病院，接受電擊療法——他的憂鬱症終於痊癒。但他並未重拾二十五年來不斷磨練的喜劇表演，反而將焦慮轉化為工作動力。他創作新節目《大憂鬱》（*The Great Depresh*），首次公開談論自己的病情……後來在喜劇製作人暨業界大老賈德．阿帕托[41]的幫助之下，賣給ＨＢＯ，廣受好評。「主題如此暗黑，根本與爆笑無關，古爾曼就是有這種天分。」某位評論家寫道。古爾曼的事業不僅起死回生，這個節目還帶他攀上了新顛峰。這一切之所以成真，是因為他接納自己的缺點，控制住焦慮，反過頭來將它當成助力，而不是阻力。

二〇〇四年五月，年僅二十歲的投手札克．葛蘭基（Zack Greinke）在坎薩斯市皇家隊（Royals）首度出賽，成為大聯盟最年輕的球員。儘管新秀賽季表現起伏不定，他還是展現卓越天賦，前途無量。《運動畫刊》（*Sports Illustrated*）記者喬．波斯南斯基（Joe Posnanski）寫道：「打從一開始，他就能夠用棒球創造奇蹟。他

41 Judd Apatow，美國電影製片、導演、演員、編劇，作品包括《怪胎和宅男》（*Freaks and Geeks*）、《伴娘我最大》（*Bridesmaids*）等。

是皇家隊最年輕的年度新秀投手，這一點已經非常罕見——回顧歷史你會發現，二十多歲的球員很少能夠輕鬆擊敗大聯盟的明星打擊手。」

然而葛蘭基卻飽受社交恐懼症的困擾。隊友發現他害羞、笨拙，嚴重到葛蘭基二〇〇五年表現不佳之後，皇家隊讓他冬天去投靠愛交際的名人堂成員喬治·布瑞特（George Brett），鍛鍊他的社交技巧。

結果沒有幫助。葛蘭基在二〇〇六年春季訓練回到球隊，因為精神狀態不佳，最終離開訓練營，差點徹底退出棒球界。

「某次投球練習，他非常沮喪，投不出好球，」《洛杉磯時報》（*Los Angeles Times*）寫道，「每次投球都越來越草率、急躁。後來他在旁人難過又困惑的眼神中走下投手丘，以為自己將永遠告別球壇。『我不是真心想做這件事，為什麼要折磨自己？』他回想，『我喜歡打球，但我不喜歡球場上其他事情。我心想：我要去做自己真正想做的事情。』」

二〇〇六年，葛蘭基離開球隊兩個月，在賽季中期回歸，之後那年多半在小聯盟投球。他感謝樂復得膜衣錠（Zoloft）幫助他克服社交恐懼，讓他能夠重新投球。十五年後的今天，葛蘭基依然繼續投球（效力過釀酒人隊〔Brewers〕、天使隊〔Angels〕、道奇隊〔Dodgers〕、響尾蛇隊〔Diamondbacks〕和太空人隊〔Astros〕後，他在二〇二二年重返皇家隊），他擁有巨星級的職涯。很可能即將入選棒球名人堂，棒球生涯的勝利數超過二百二十場（截至我寫書時，他在現役球員中排名第二，在棒球史上排名並列第七十三），他的總收入超過三億三千萬美元。

古爾曼和葛蘭基都曾跌到谷底——一旦焦慮不再是推動你前進的動力，而是妨礙你表現的因素，即便你沒進精神病院，或放棄數百萬美元的職業運動生涯，也會嚴重影響你。當焦慮從最佳動力變成我所謂的阻力，很容易毀了你的夢想。

我一生都在對抗焦慮、失眠，對於可控制或無法控制的事物都極度擔憂。朋友說我是最偏執的冒險家。有時這種情況對我有幫助，有時完全不管用。面臨重大時刻時，我常常會變得手足無措，什麼也做不了。我的身體會反抗，危害我的成功，就因為我的大腦不肯關機，不讓我休息。這是非戰即逃的反應，我覺得自己需要保持高度警惕，因為隨時都有危險。當我即將迎接職涯重大突破，初次登上《創智贏家》時，這個問題變得非常嚴重。

我住在洛杉磯飯店，連續兩晚徹夜不眠。我應該在隔天早上八點走進索尼攝影棚，與馬克・庫班、蘿莉・葛蕾納、戴蒙德・約翰和凱文・歐勒利並肩排排坐。這是我第一次上節目，可能也是最後一次，就看錄影是否順利。我一點也不懷疑自己從事投資工作的能力，但我不知道我的正職是否能幫助我在電視上向創業者提問。我擔心自己會在幾百萬個陌生人面前出醜，更糟的是，我擔心這些每天打交道的人看到我出洋相。

這些擔憂都不合理。我當然不害怕自己準備不足，因為我絕對準備過度，就像我準備哈佛商學院的教案一樣。我和兒子事前看過每一集，差不多兩百集吧，相當於觀賞將近八百個提案。我做了大量筆記，把所有商業知識濃縮成精闢短語。

在外型方面我也做好準備。上節目將近一年前，我第一次與《創智贏家》製作人見面，當時超重二十二公斤——我下定決心要在上節目前幾個月減掉所有贅肉，往後十年看到自己在CNBC的重播，才不會覺得難為情。我並未就此善罷甘休（也許我應該見好就收）：為了克服癱坐在椅子上的壞習慣，我花九十九美元買姿勢矯正器，配戴了一個月，只要我在椅子上往下滑，矯正器就會用電流提醒我。（雖然聽起來荒謬，但確實很有效）我是不是太虛榮？或許吧，如果我擔心外貌會阻礙我前進，這個問題就值得解決。了解自己和自己的動機，而不是試圖對抗自己的本性，接受自己，當你知道怎麼做才能進入最佳狀態，就儘管去做。

儘管如此，我在飯店客房卻輾轉難眠，問自己**為什麼？**又不是非做不可。我何必自告奮勇，危害我的事業和生意？因為失眠一整晚，那天早上我蹲在瓷磚地板上，雙手抱頭，無法呼吸。我想起九一一事件後的日子，當時我工作到半夜，接連三、四天不眠不休。我戴上耳機，反覆聽兩個小時阿姆（Eminem）的歌曲〈沉浸其中〉（Lose Yourself），試圖讓自己變回皇后區那個飢腸轆轆又蓬頭垢面的窮小子（其實現在也是）。當我抵達攝影棚時，我無法掩飾自己幾乎快崩潰。

我把戴蒙德．約翰（另一位來自皇后區的人）拉進我的更衣室，請他給我建議，任何忠告都可以。他說：「聽著，你來了，你屬於這裡，因為你就在這裡。」

凱文．歐勒利告訴我：「鏡頭不會說謊，不要學我們任何人，做你自己就好。」順便說一句，他們倆的建議真是金玉良言。但我走進棚內……卻愣住了。

節目沒有劇本，沒有事先排練，沒有顧問，也沒有任何人可以求助。對評審和觀眾而言，走過那扇門的創業家都是新面孔，大家馬上就要提出問題。我納悶評審在腿上的記事本寫什麼——後來知道原來是數字，因為必須即時計算。

音樂響起，第一位創業家走進來。我聽到：「嗨，各位評審……」接著大約一分半鐘，我迷失在戰火狼煙中。場面一片混亂，評審立刻開始討論、大吼大叫，甚至互相插話，當然也完全不打算招呼菜鳥。我知道這個場面不是攸關生死，但是非戰即逃的本能反應還是立刻出現。我必須拋開恐懼，信任自己，相信自己可以發光發熱。我深吸一口氣，心想：**我辦得到**。

還記得第二章的自我對話嗎？奏效了。當天第一個提案，我得和凱文競爭，爭取我知之甚詳的生意，希望能與這個頭腦似乎很清楚的創業家達成交易。我直視他的眼睛，描繪他與我合作的前景：我可以幫助他的業務百尺竿頭，補強他的弱點，支持他度過難關，以前沒人當我的英雄，但是我願意幫他。

凱文試著奪回這位創業者的青睞，但我已經贏得他的信任。他直勾勾地看著我，「成交！」我向上揮拳，跑過去擁抱他，這時我聽到凱文咆哮：「好吧，我出局了。」

在下個提案出場前，所有人都坐回位子上，最有愛心的評審蘿莉．葛蕾納轉向我，她將手搭在我的前臂上，低聲說：「麥特，如果滿分是一百，你剛才的表現是九十五分——但是沒有人能得滿分。十年來，沒有人走進來的神氣和舉止彷彿第一天就開始上這個節目。」我破釜沉舟……現在還與這些「鯊魚」共游。

事後我雖然欣喜若狂，但我不想生活在那種程度的焦慮當中。我不建議你放任焦慮狂飆到那麼糟糕的地步，相反地，我想給你一個工具包，以免像我、蓋里．古爾曼或札克．葛蘭基一樣陷入黑暗深淵。

以下是我克服焦慮的四個重要建議。

找個研究理論安撫自己

我在書中提到葉杜二氏法這類理論有其原因，我在本章開頭提過這個經過驗證的焦慮理論。其實，我沉迷研究心靈的科學。資訊就是力量，如果我能找到研究，證明我做得對，無論追求的是什麼目標，這些知識就足以消除我的疑慮。

最好的例子莫過於我去巴黎參加馬拉松比賽那次。因為時差，我整整一天沒睡——實際上是四十八個小時。我在巴黎徹夜未眠，盯著凱旋門。等待馬拉松開跑時，你會做什麼？我打電話給噴射機隊的隊醫戴米恩·馬丁醫生（Dr. Damion Martins），向他請教如何熬過極限耐力賽。我半夜吵醒人在紐澤西的醫生，「你打給我就是要問這個？」他問。他告訴我，比賽期間不斷喝柳橙汁。「大腦會感謝你，腸胃會恨你，但你會有精神完成比賽。」（我在跑到第二十哩時意識到他說得太對了。）

因為想得到更多資料，我上網搜索。我希望找到建議，知道如何矯正睡眠不足的問題——如果能找到科學證據，證明睡眠不足不會造成問題更好，最好還能找到有相同狀況、以為大難臨頭、最後卻沒事的人。

我找到一個極有說服力的研究，該研究指出睡眠不足確實會影響**心理**素質，但**身體**可以承受失眠三十到七十二小時。賓果——我放心了，腦中的所有想法又恢復正常。我參加比賽，比先前的紐約馬拉松快十分鐘。

任何狀況都有資訊讓你放心嗎？當然不是。但世上有八十億人，總有人和你有同樣經歷。找到那個研究，或找到那個人，避免重蹈他們的覆轍。為你的決策蒐集完備資料，以事實來克服你的擔憂。

每天冥想

我發現，我所認識的多數成功執行長都練習過超覺冥想（transcendental meditation）。從瑞・達利歐[42]、比爾・蓋茲到雅莉安娜・哈芬登[43]，許多成功人士靠這個方法放鬆腦袋。冥想已被證明可以增強韌性、情商、創造力、人際關係和專注力，我還要告訴你，冥想應該成為焦慮工具包的關鍵工具。我對此深信不疑，也認為這是你能送給自己最好的禮物。

如果說我每天堅持冥想，那就是說謊，但我確實盡量努力，並嚴格要求自己，因為自我照顧非常重要。我反覆向創業家和員工強調，唯有善待自己，才能保持

42 Ray Dalio，美國橋水基金創辦人兼執行長。
43 Arianna Huffington，《哈芬登郵報》創辦人。

最佳狀態。就我而言，我在這方面常搞砸。一旦忙起來，我就會否定自己，我的血壓過高，體重超標，晚上也睡不好。有些人把這些事情當成榮譽勳章，證明自己很努力，這種看法有誤。拒絕照顧自己，不僅無助於專業表現，反而有害工作，就許多層面而言，都會讓人生更辛苦。越早養成良好的自我保健習慣，越有可能長期堅持，從小事做起，但要堅持不懈。

有些我敬佩的人會談論如何為了提高效率、發揮創造力，培養習慣，盡可能減少需要決定的事情。賈伯斯和愛因斯坦每天都穿同樣的衣服，就不必考慮著裝問題。有人每天早上都在相同的時間洗澡、喝咖啡、冥想，每天都第一時間完成強度最高的工作。

我對他們讚嘆連連，但我也知道我們每個人有不同的生活風格，追求卓越的途徑也各不相同。我的生活沒有常規，妻子很驚訝我既沒有固定的淋浴流程，也沒有固定的早餐習慣。我隨時查看電郵，永遠有緊急事件要處理。我討厭常規的束縛，擔心這麼一來就不會靈光乍現，這是我最重要的關鍵貢獻。

你應該冥想，但我保證，如果你不願意破釜沉舟，不是因為你不冥想。你該嘗試不同事物，找出最適合自己的方法，並持之以恆。盡你所能，做不到十全十美也要懂得放過自己，繼續嘗試。

選擇合適的人與你同甘共苦

就各方面而言，太太莎拉（Sarah）是我的秘密超能力，她是我認識最冷靜、最理性的人，也是我能控制焦慮的關鍵。我們幫助彼此在世上發揮最大潛能，無論我做任何事情，她都全力支持我。這世上少有人能吸收消化所有實用自學書籍，莎拉就是其中之一。我回家時，她可能在車底下換消音器，或在屋頂上鋪瓦片。我在ＩＧ上發布影片讚揚莎拉的驚人技能，得到幾十萬次瀏覽人次；她擁有解決各種生活問題的小訣竅。總而言之，伴侶不是增加就是消耗你的能量，沒有中間值。

我認為伴侶的重要性一直遭到低估。我們鮮少談論人際關係以及合適的伴侶對成功的重要性，因為沒有人能獨自生存。多數人認為，無論人生或工作，你選擇的伴侶要能提醒你不好高騖遠，補強你的弱點；但這種神話會導致相愛相殺，而不是共生共存。我們說情場是異性相吸，也說企業創辦人應該各不相同，彼此互補，然而彼此相似，往往比南轅北轍更能讓關係持久、強大。我在哈佛商學院的課堂上詢問剛完成新一輪融資的創業家，請教他們選擇個人和工作夥伴的理由，以及這些關係之所以成功的原因。他們幾乎異口同聲地談到一致的價值觀，與其說成功的合夥關係是能力互補的人彼此分工，不如說是彼此價值重疊，百分之百朝同一個方向邁進。如果你們對未來沒有相同的願景，對重要的事情沒有同樣的看法，能力也就不重要了。

對投資標的進行盡職調查[44]時，我會特意約見他們的伴侶，因為你通常可以看出許多蛛絲馬跡。他們的關係如何？是力量的源泉還是衝突的淵藪？如果我看到他們彼此蔑視的徵兆，例如挖苦嘲諷或不經意翻白眼，就知道以後會有麻煩。我們需要看到一致的感受力、同一種看法、相同的熱情。如果此人選了合適的人生伴侶，坦白說，我就能看出他們如何選擇生意夥伴和員工。優秀的人能夠看出別人身上的相同特質。但是我若聽到有人說伴侶「他們讓我腳踏實地」，我會想到停在跑道上的飛機，不禁自問：**這有什麼好？**飛機的目的就是飛翔，你也是。

暴露致命弱點，尋求改善方法

這是最簡單的策略，我們卻不見得願意實踐，因為我們擔心承認弱點會招致別人的批評或因此陷入困境。我的朋友邁克・坦寧鮑姆（Mike Tannenbaum）現在是ESPN極富聲望的足球評論員，我們聘請他擔任海豚隊執行副總裁之前，他是噴射機隊的總經理。我非常尊重邁克，他是個了不起的人，父親是波士頓的貨運工人，他一九九四年從紐奧良聖徒隊（Saints）的實習生做起，一步步往上爬。

邁克有個異想天開的夢想，希望在體育領域做到最高主管，也逐漸實現這個夢想。他進入杜蘭法學院（Tulane University Law School），並且以優異成績畢業，就是為了達到這個目的；他畢業後效命於比爾・貝利奇克[45]教練和克里夫蘭布朗隊（Cleveland Browns），負責研究契約、開車送人去機場。後來他隨貝利奇克轉投噴射機隊，四年內從負責協商合約到晉升為副總經理，五年後成為美式足球聯盟

44 due diligence，簽約或交易前依照特定標準，確認對方公司是否值得投資，是否有潛藏風險。

45 Bill Belichick，曾執掌新英格蘭愛國者隊二十四年，並以總教練身分帶領該隊拿過六次超級盃。一九九一至九五年是克里夫蘭布朗隊的教練。

最年輕的總經理，年僅三十五歲。

他工作努力，最後也相當成功，身邊的人不得不佩服他，他的事業扶搖直上。邁克在噴射機隊的十六年間，球隊七次進入季後賽，三次進入美國美式足球聯會（AFC）冠軍賽。

這些成就得來不易。邁克渴望得到成功、保持成功，這股心情推動他不斷進步，但這種焦慮也異常明顯。碰到壓力時，邁克會露出狂怒的眼神，最後發洩在任何引起他不快的人事物上。如果他看到輸球時有球員在場邊大笑，隔天就會把球員叫來，「你覺得輸球很好笑嗎？」

有時我在輸球後去找他，看到邁克手裡緊握著原子筆，我會退後兩步，免得他直接往我的眼睛丟。如果別人對勝利抱持不同的態度，他會非常沮喪。我懂，連我都得努力克制自己有同樣的衝動。當我們渴望獲勝，周圍的人卻顯得漫不經心，邁克會直接說出我們多數人的感受。

邁克想起我們的賽前慣例，與敵隊球員相處融洽可是大忌。他說：「我還記得，如果我在球場上看到你和敵隊的人交談，我會用力敲包廂的玻璃窗。當天是比賽，我們又不是去交朋友。賽前閒聊會讓我超級火大。」

我欽佩邁克對工作的投入程度，但我也知道，雖然這種慷慨激昂的熱情是他最大的優勢，但有一天可能會毀了他的事業。我們的強項也可能成為致命的包袱。最後，我不得不介入。我告訴邁克，他表現焦慮的方式會妨礙他成功，甚至有害他的工作。他有什麼反應？沒，還好他沒拿筆戳我的眼睛，我們找專業人士協助他（請來我一定要找的企業心理學家蘿拉・芬弗博士〔Dr. Laura Finfer〕。）

「你說『這是最棒的禮物』，」邁克回憶道，「我不知道一開始是否真的相信，但你說得對。我內心深處明白自己有這一面，但從未意識到別人也看得到，聽到別人說出來確實很難受。尋求幫助讓我更有自我覺察，讓我更自在，也幫助我終於願意坦承自己的弱點。」

我們談完的幾個月後，我走進邁克的辦公室，發現牆上嵌著巨大的水族箱。室內燈光柔和，隨身喇叭播放著一九八〇年代的輕柔音樂。他學會如何應對，也付諸實行。對邁克而言，辦公室環境的改變發揮神奇功效，幫助他放鬆，不至於被怒火吞噬。

邁克解釋：「我得到這些工作，總覺得自己不配成功。我是NFL最年輕的總經理，站在紐約的大舞台上，我擔心自己沒有資格。我總是在腦中衡量兩種想法：一是，**為什麼我還沒掌管一切？**二是，**我會有準備好的一天嗎？**看著我父親在波士頓和紐約的貨運公司努力工作，我因此懷抱雄心壯志。我希望孩子可以走一條更輕鬆的路，也願意為這個目標奮鬥。後來你提醒我，我才知道我得找個更好的方法實現夢想。」

他仍然是以前那個充滿熱情的邁克，但他學會在關鍵時刻才火力全開，整體工作表現也大幅提升。

「我的抱負和不安全感是福也是禍，」邁克解釋。「一路走來，我都希望飛得更高。即使現在，我也知道自己還有很長一段路，我會拿出最大努力達到目標。」

「我仍然不擅長調整心情，」他承認，「我在某家公司擔任董事，我不能理解為什麼有人會跟別人約好了時間，又打電話說會遲到一分鐘。我在美式足球界長大，那個環境很嚴酷、冷漠、缺乏同理心，標準不可動搖，因此影響我如何看待這個世界。但我試著提醒自己，事情並非總是非黑即白，也有灰色地帶。不必為了每件事情生氣。」

現在邁克在許多平台都表現出色。他曾擔任經紀人，我們海豚隊僱用他時，他是球隊總經理，二〇一九年，他成為ESPN的分析師，主導NFL的大部分報導。此外，他還創辦「第三十三隊」（The 33rd Team），這是專家組成的足球智囊團和網路平台，這些專家擁有超過五百年的教練和球隊營運經驗，可以提供深入分析、評論和見解。這些工作就已經夠繁重，邁克還指導學生，並努力為他們開拓機會。最重要的是他懂得尋求協助有多重要，並且不斷加強自己的能力，無論做什麼都不斷精進。

☑ 無論你在哪種單位工作，這些建議都適用。開始追求夢想之後，這些秘訣可以帶你走對方向。多數人無法避免負面情緒，如果這些情緒可以促使我們比周遭的人更努力、更有效率地工作，我們就是利用恐懼讓自己處於無與倫比的不敗之地。

然而這只是內心的掙扎。

我們還要對抗世界，這個世界一定會阻礙每條追求成功的道路。

我希望事情可以像面對自己的心魔那樣簡單，能夠脫離一切束縛，置身於一個命運完全由自己掌控的封閉氣氛中。可惜事實不然。一定會碰上各種狀況。一旦碰上了，你不僅要做好應對準備，還要準備加以運用，你應該期盼困境，甚至愛上困境。壞事發生時，我感受到突如其來的鬥志，我要借用芝加哥前市長拉姆·易曼紐[46]的話：「絕對不要糟蹋你所遇到的重大危機。我的意思是，正好趁此機會，做你先前覺得自己辦不到的事情。」

CHAPTER 5 欣然接受每個危機

九一一事件當天早上，我擔任紐約市市長辦公室新聞秘書才幾個月。當時我正在世貿中心幾條街外準備開記者會，就在此時，第二架飛機撞上雙子塔。我不知道市長在哪裡，於是我回到市政廳，想辦法聯繫他。我剛進大門，就聽到巨大爆炸聲，所有人都開始尖叫。兩棟大樓正在倒塌——兩天後，我與小布希總統一同回到事故現場，這是總統首次視察事發地點。我們看到我在倒塌前插上電的儀器，機器徹底被壓扁了。我和同事站立的區域早已灰飛煙滅。

之後一百天，我忙於處理媒體對史上最嚴重恐攻的反應，幾乎從未闔眼。從卡達君王到英國首相等世界主要領導人，都在我帶領之下見證世貿遺址，親眼目睹這場暴行，支援美國採取軍事行動。我們搭建可以俯瞰現場的看台，製作的壁

46 Rahm Emanuel，現任美國駐日大使，曾任歐巴馬任內的白宮幕僚長。

畫上，畫了在恐攻中失去公民的九十一個國家的國旗。我們需要盟友允許我們使用他們的基地和領空，我帶著各國領導人搭船繞過曼哈頓南端，再次回到煉獄現場，這個行程幾乎天天反覆進行。我們與白宮密切合作，雙方都有默契，我們的目標就是讓各國家元首感到震撼、愧疚。我們只能靠黑色幽默保持理智，私下說這些帶領世界級領袖的導覽是「自由女神之旅」。

這個過程不只辛苦，還是難以置信的悲劇，我常常只想躲在被窩，假裝自己只是作了一場可怕的惡夢。然而我卻親臨現場，幫助紐約市恢復生機，我知道自己可以挺過來，最後改變了自己的所有認知。我發現痛苦的童年，母親的去世，反而讓我在任何狀況之下都能處變不驚。

這一章的課題分成兩方面。第一，培養應對危機的能力，而且要利用危機當成攀登新顛峰的機會。密西根大學心理學家芭芭拉・佛列德里克森（Barbara Fredrickson）的研究證實這一點，她的研究指出，以積極情緒面對危機不僅在當下有幫助，其實還能促進長期的韌性，提高擅長應對未來挑戰的能力。佛列德里克森研究大學生對九一一事件的反應發現，相較於努力集中精神維持正面情緒的人，懷抱負面情緒的人遭到影響的時間更長久。樂觀思考具有長久的好處，有助於保護人們面對未來的危機。

往好的方面想，積極尋找帶來希望、感激、敬畏和滿足的時刻，就能抵抗抑鬱和壓力。堅韌的人光從每個負面處境汲取正面意義，就能成長茁壯。換句話說，將危機視為轉機就能化險為夷。幾乎每種令人不適的處境都可以重新定義，就用「有機會」（get to）取代「一定要」（have to），最典型的例子，就是我們對於工作的慣性思維。我每天都提醒自己，我不是**一定要**去上班，而是**有機會**去上班，這可是全世界幾百萬移民冒著生命危險都要追求的權利。

第二點涉及危機處理，即使危機並未發生。什麼意思？真正的「破釜沉舟」心態是利用危機帶來的清晰思路，不必真得等待四面楚歌。危機迫使我們減少選擇，專注於真正重要的事情。就算沒有危機，我們也能做到這一點。我們不必受到強迫，就能反覆嘗試，我們改變策略是因為這是明智之舉，不是無計可施。挽救公司業務，解除災難時必須有創意、更靈活的調度，結果最後成果都很出色；即使沒碰上危險，我們也可以這樣做。

以下是面對危機的處理指南。

面對一切——然後從最壞的情況往回推

遭遇任何危機，當務之急就是想辦法活過今天。當我們發現自己沒有答案，往往會忽略任何危機下最顯而易見的下一步：先活下去。過去的堅持是未來可行性和企業是否長壽的一個非常強大的預測指標，看到那些似乎打不死的公司時，我知道這絕非偶然。掌舵者特意作出決策，他們要先活下去，才能找到出路。不知道怎麼辦時該怎麼做呢？站出來就對了。

雙子塔遇襲後的最初九十天，我們的重點就是站出來，不斷向世界證明，我們並未因為恐懼而退縮。我們立刻籌辦各種活動——只要儀器有辦法插電，就馬上召開記者會；接待各國領導人見證現場，又為公眾舉辦各種活動；在恐攻發生不到兩週後，歐普拉擔任主持人，在洋基球場舉行祈禱儀式；在滿月紀念日當天，紐約愛樂樂團為曼哈頓下城表演等等。朱利安尼博得「美國市長」（America's Mayor）的美名，因為他經常出現在各個場合，無所畏懼，不知疲倦。看到他現在大不如前，真讓人難過。我選擇記住他在九一一事件後的模樣，在那段影響深遠的日子，他強有力的形象給人帶來平靜；我也因此明白，兵荒馬亂之時，與民同在具有重要的象徵意義。

一想到「失去一切仍要活下去」，我腦中浮現的竟然是披薩。東岸連鎖披薩店 &pizza 由麥可．拉斯托里亞（Michael Lastoria）經營，也是ＲＳＥ的驕傲投資。這麼多年來，拉斯托里亞在各方面為員工挺身而出，尤其是新冠肺炎疫情期間。二〇二〇年三月，病毒剛開始肆虐，他並未因為害怕而休業，只希望這波威脅能夠結束。麥可知道，這是千載難逢的機會，恰好可以實踐公司行銷時所宣稱的價值觀，努力爭取為生的工資，而不是像那些表面積極實則空洞的ＩＧ貼文。

&pizza 沒有凍結工資或裁員，而是立即為員工的時薪增加一美元；為員工、員工眷屬和醫院工作人員提供無限量的免費披薩；在大眾交通停駛時，讓員工報銷通勤費用；放寬病假規則，在學校停課期間照顧孩子也可以請病假；員工若確診或與確診患者接觸，可領職業安全衛生補貼；後來，「黑人的命也是命」（Black

Lives Matter）抗議活動在全國蔓延，他們為每位員工提供有薪假，讓他們能夠參與活動。二〇二〇年十一月，該公司宣布為全國各地員工提供十五美元的最低工資——二〇二一年六月，他們宣布提供五百美元獎金給新、舊員工，只要他們接種新冠肺炎的疫苗。

當然，這麼做不是沒有代價。公司只能停止擴張，盡可能減少開銷。他們之所以這麼做，是因為麥可知道，捱過危機的最佳方式就是加倍重視員工，確保他們能同舟共濟。麥可告訴我：「我和股東的理念就是，企業的財務健康與員工的需求密不可分。我們把重心放在員工身上，同時也將市中心的分店改造成救濟廚房。」

對麥可而言，這場疫情讓大家發現餐飲業幾十年來懸而未決的問題——低工資、少福利、危險的工作條件，以及僱主看自己方便就隨意反覆遣散或重新僱傭。現在，他有機會解決這些問題。他告訴我：「提高工資是對員工表明『我們重視你』的最明確方式。如果員工無法靠我們支付的工資維持生計，我們所做的一切都毫無意義。確保員工的基本需求得到滿足，他們會更願意為公司付出，因為他們希望公司成功。我們之所以採取那些措施，是因為我們有堅強的信念，面對逆境才會採取大膽行動。」

拉斯托里亞恰恰是時勢所需的領袖；當然，無論面對什麼危機，我們都得努力，才能成為合適的領導者。

☑

想像一下，當你碰上最真實、最嚴重的災難，實事求是，你需要做哪些事情才能度過難關？是否擔心資金短缺？那就想想有哪些資產可以在緊要關頭出售。是否擔心員工造反？那就考慮採取大膽的策略，維持他們的忠誠度。是否害怕生意夥伴棄你而去？不要讓恐懼阻止你與他們坐下來進行真誠的交流。

仔細思考之後，你會制定計畫，不再只忙著怕東怕西。一旦想過最壞的情況，並想像自己雖然步履蹣跚但仍屹立不倒，恐懼就會變得應付得來。你不再被未知所困擾，因為你已經想過最壞的結果。只要盡力擺脫擔憂，就可以釋放更多腦力。

即使惡夢沒發生，也可以預先設想。接受最壞情況也許成真的可能性，採取適當的行動，然後繼續前進。保護自己並避免損失，然後重新分配原本用來預防壞事的精力，追求更大的目標。

但我們要追求什麼呢？

問問自己：「如果今天要從零開始，我會做什麼？」

「牛奶吧」[47]創辦人（也是我的搭檔）克莉絲汀娜．托西非常傑出，她開朗、陽光的個性，是我所望塵莫及的。只要了解她就會愛上她，但即便她擁有越來越多的美味產品，新冠肺炎也可能讓店舖關門大吉。雖然她最初創業的是實體店面，我們一直希望可以拓展觸角，卻也擔心失去原本的蓬勃生意。

面對病毒爆發後強制關店的狀況，我們大可驚慌失措，想辦法減少損失，撐到店舖重新開張。但她卻完全相反，克莉絲汀娜問自己一個簡單的問題：如果今天從頭來過，我會怎麼做？被迫關閉實體店舖，她的本能反應不是「如何重新開業」，而是問自己：「我們何必還要開店？」

幾天之內（真的只有幾天），克莉絲汀娜就全心投入電子商務。她在ＩＧ實況推出嶄新的烘焙節目，每天下午兩點走進世界各地的廚房，示範如何用各種家庭常用食材烘焙。她與各大超市談妥交易，開始銷售她獨一無二的餅乾，而這些超市紛紛轉戰宅配業務，包括全美所有的「全食超市」（Whole Foods）和塔吉特百貨（Target）等，也開始發送愛心包裹給全國各地醫院的前線工作人員。

「我想知道如何支持大家，」克莉絲汀娜告訴我，「這就是我事業的基礎。甜點可以拯救世界，我希望可以為地球上每個人烘焙餅乾。『烘焙俱樂部』是我貢獻一己心力的方式。我們試過各種內容，感覺都不夠真心誠意。於是我傾聽心聲，在IG上說，『我們明天就開烘焙俱樂部，你們何時方便？』」

現在看來似乎顯而易見，但「牛奶吧」的轉型之所以不凡，在於即使克莉絲汀娜身邊的一切都崩壞了，她依然看得一清二楚。即使在疫情爆發的十八個月後，她的IG直播節目每集仍有五萬多次觀看次數。她本來可以將所有精力集中在重新開設實體店面，她卻重新構思，而不僅是收復失土。

「你具備你需要的每個條件，」克莉絲汀娜說，「你碰上危機，可能四處尋找答案，即使在那時，你都已經萬事皆備，只要想清楚如何運用。人生中的雜音

47 Milk Bar，紐約知名甜品店，品牌概念是讓顧客可以自己創作自己的甜點。

越多，情況可能越複雜，你越會質疑自己，但你不能忘記——你心裡早已有答案了。」

是，危機帶來破壞，但也帶來許多原本無法實現的新機遇。經過一場疫情，克莉絲汀娜的業務規模更大、更強健，粉絲遍及世界各地，而且完全實現了從快速慢食[48]（最高為銷售總額的三倍）到消費包裝品（從原本的五倍成長到十倍）領域的策略轉型。她欣然接受危機，「牛奶吧」的生意因此蒸蒸日上。

到頭來，你如何度過危機，就能看出你的決策能力。在RSE投資的快速慢食咖啡連鎖店「藍石巷」（Bluestone Lane），尼克・史東（Nick Stone）懷抱打造澳洲風情咖啡連鎖店的願景（他認為相較之下，美國咖啡文化與他家鄉墨爾本相形見絀），毅然決然辭去大企業的財務工作，破釜沉舟，全心投入。這場疫情促使尼克起而行之，他利用危機調整營運成本，將業務數位化，重新協商每份租賃合約，並從被迫縮減規模的公司購買物資，因為對方需要現金。他問了自己一個任何人面對危機都該問的問題，這個問題的最大前提就是：如果今天可以重新開始，你會做哪些不同的事情？

- **你會不會果斷採取行動，延長企業壽命？或只是希望在你作出艱難的決定之前，情況就有所好轉？**
- **你是否會調整方向，因應客戶當下的需求？還是堅持採用現在已經過時的商業模式？**
- **你是否站在最前線，與客戶交談，激勵團隊，勇往直前，勇攀高峰？還是選擇逃避，自怨自艾？**
- **你是否會給自己採取行動的自由？**

最後一個問題更要時時拿來問自己，尤其面臨危機時，你不希望自己的決策還得經過他人批准，或還得說服別人相信你的直覺。真正進行創新時，現實情況

48 fast casual，這個概念起於一九九〇年代，通常餐點現點現做，用餐環境較為休閒舒適，介於傳統速食餐廳與正式餐廳之間。

會過度制衡你的決策（無論是得到他人支持，或任何限制你遵循直覺的事情），對創新往往收效甚微。它們通常會阻礙成功，並過分重視形式而非實質。我知道這有悖一般常識，卻是事實：為了合作而合作，往往會導致你的表現退回平均值；為了達成共識維持表面的美好，往往會淡化你的獨特性。

想讓其他人早早看到你的願景，接受你的夢想，理解你的數據，這是所有人都會犯的錯誤。因為別人看不到你的願景，你可能因此放棄自己的想法——靈感常常是因此遭到扼殺的。危機不只是攸關生死，或是我們經歷的「非戰即逃」的時刻，有時看起來風平浪靜。因為我們沒有自主權，或沒有採取行動的自由，導致無法進行變革，只好悄悄讓機會溜走。

RSE旗下有我和合作夥伴共同創立的瑞勒文體育集團（Relevent Sports Group），我們十多年前就開始投入九位數以上的資金，希望發起國際足球錦標賽。「國際冠軍杯」的故事就是在危機之下重塑自我。我們發起的比賽無法帶來足夠利潤，因為每支球隊要求的資金越來越多，無論我們多麼努力周遊列國建立人脈、擴大粉絲群，都無法解決問題，還不斷燒錢。

我們請來我所認識最活躍的交易者丹尼．席爾曼（Danny Sillman），徹底扭轉乾坤。事實證明，丹尼也是我合作過的出色經營者。他認為，我們可以利用我們和頂尖足球聯盟建立的合作關係，在美國銷售他們的媒體轉播權，不必辦比賽。

最後我們與西班牙最高級別的聯盟西甲足球聯賽（La Liga）合資，為他們與ESPN談下了創紀錄的二十億美元北美直播權，這種追求可行性的商務活動後來成為哈佛商學院的研究案例。接著丹尼又利用與西甲的成功合作，取得意外突破。我們與負責監督歐洲所有足球賽事的機構——歐洲足球總會聯盟（UEFA）合夥，在美國銷售他們的放映權。以前沒人能想像美國公司竟然能代理歐洲足球，但丹尼、史蒂芬・羅斯、其他聯合創辦人和我花了好幾年，穿梭大西洋兩岸和歐洲各地，了解歐洲足球的習俗和特點。我們飛了幾萬哩，在西班牙辦過無數次深夜晚宴，在每次歐洲的重大足球賽事中克服繁文縟節和各霸一方的問題。我們付出辛苦代價。我們的堅韌和美國人顛覆常規的性格，博得歐洲足聯主席，也是足球界最偉大的變革推動者亞歷山大・切費林（Aleksander Čeferin）的尊重。切費林非常注重原則，但又不拘泥於形式，我相當欽佩他。他只關心如何提升球迷體驗，創造更多收入，發展這項全球最受歡迎的運動。

《紐約時報》報導我們擊敗全球頂級體育機構贏得賽事轉播權時寫道：「（最）令人驚訝的是……利潤頗豐的美國轉播權由瑞勒文體育集團拿下……這是該公司的最新鉅作，他們最主要的資產『國際冠軍杯』經歷十年虧損之後，改變策略，銷售足球轉播權。」

二〇二二年八月，我們的努力得到回報。「瑞勒文」以創紀錄的六年十五億美元，將歐足聯的轉播權賣給「派拉蒙」（Paramount，旗下擁有哥倫比亞廣播公司和 Paramount Plus）。如果我們內心深處認定，再怎麼努力，未來也注定渺茫無望，可能會害怕撤退，就無法像丹尼一樣重塑整個事業，展現真正的領導力。

改變策略不僅僅關乎生意，對我而言，新冠肺炎的疫情很早就與我個人息息相關。在紐約證券交易所敲鐘的隔天早上，我染上病毒，而且病情嚴重。我遭到隔離將近一個月，有幾次都不知道自己能否撐下來。一旦我挺過難關，就知道自己不能浪費這個大好機會。當然，當時發生許多悲劇，然而人生不是非黑即白，全看你要怎麼想。你可以承認自己遭逢巨大災難，同時努力尋找往前邁進的最佳路途。我很不願意承認，但若非疫情，這本書永遠不會寫成。在疫情爆發前，我每週幾乎有八天都到處奔波，從一場會議趕到下一場，飛去看海豚隊的比賽、與企業家通電話、處理一封又一封電郵。我忙於處理緊急事務，根本沒有時間深入思考。

因為不需要再考慮面對面交流，省下通勤和出差時間，我才能解鎖一連串全新的可能性，這本書就是其中一項。我有一部分的動力來自恐懼。我的辦公室關閉後的第二天，我坐在沙發上，拿出一張紙。我擔心壓力和不確定性，會導致我白白浪費疫情帶來的大把時間。

我的靈感來自牛頓，他在十七世紀中期英國大瘟疫肆虐的兩年內[49]完成一生最好的作品。被迫隔離的牛頓擺脫教學工作的束縛，得以全心投入研究。他開始思

49 一六六五至一六六六年，英國的倫敦大瘟疫造成超過十萬人死亡。

考宇宙運行的最基本問題，最終找到答案，寫出關於萬有引力、光學和微積分的定律，那是他科學生涯最具創造力的時期。人們讚譽牛頓的「奇蹟之年」[50]，但這卻是在瘟疫肆虐的危險環境下催生的。

我不是牛頓，但我知道，我日後一定會後悔浪費這些多出來的時間。其實浪費時間（浪費點子、見解或稍縱即逝的直覺），就是浪費上天賜予我們的最寶貴資源。宇宙賦予我們的機會有限，有時機會顯而易見（一份工作或一個商業提議），有時，機會只是靈光乍現的想法。我們都曾讀到一篇文章或聽到某些事情，發現其中潛藏著某些機會。

第一次讀到比特幣的報導（可能是十年前），你沒立刻丟下手邊所有事情，投入全部身家，沒有人會怪你，即使當時你覺得這個投資可能很有意思。想像一下，如果你真的那麼做了，這時應該已經成為億萬富翁，就像少數早期就投資比特幣的人一樣。

我從二〇一三年開始挖礦。我租了伺服器空間，手裡有三百個比特幣，後來我失去耐心。我賣掉比特幣，買了一間公寓——如果當時留著，現在可以買下整條街。我有時會這樣：我知道該行動，卻太早放棄，尋找其他目標。或者更糟糕，我根本沒採取行動。（不過說到比特幣，我的確認為它在幾年後可能會走入歷史洪流，毫無價值。就看這句話在幾年後會不會成真囉。）

我在這方面的失敗經歷不勝枚舉。二〇二一年初，行銷大師、企業家、網際網路全才蓋瑞·范納洽告訴我，NFT（非同質化代幣／可在區塊鏈上買賣的獨特數位資產、原創音訊、影片或影像，就像傳統可以買賣的實物）將成為下一股風潮。他告訴我，這會改變歷史，我最好趁早買進CryptoPunks的JPG檔案，以免為時太晚。我嘲笑他，覺得他的話沒有道理可言，連加以考慮都太荒謬。我知道蓋瑞是天才，有神秘的能力，但我依舊沒聽進去。

他創建VeeFriends，這是關於他的NFT收藏和交流平台，蓋瑞在平台上還會向粉絲提供商業建議，一年內就大獲成功，價值超過十億美元，梅西百貨和玩具「反」斗城甚至銷售VeeFriends人偶與絨毛娃娃。我們幾個月前談論時，這還只是蓋瑞腦中的點子，現在已經讓他成為億萬富翁，因為他聽從直覺，加以實現。

50 Year of Wonders，一六六六年。

蓋瑞建議我之後過了八個月，我終於投入 web3 社群，他和我共同推出元宇宙基金。我擔心自己已經落後，不過我應該只是落後蓋瑞。如果有個人不斷證明自己能預見未來，他向你揭示即將發生的事情時，請認真傾聽。

☑ 我們不必每次都去冒險，但要知道，這些靈感並非源源不絕。如果錯過，可能永遠失之交臂，千萬別被當下的形勢所束縛，明天永遠可以改變航向。如果因為猶豫不決而錯失良機，也不要花太多精神長噓短嘆，要從中汲取教訓，下定決心，下次表現得更機敏。

是好是壞，誰說得準？

有個古老道家寓言，講述牧人的馬跑掉了，村民深表遺憾，但牧人說：「此何遽不為福乎？」幾天後，馬帶著另外兩匹馬回來。村民祝賀牧人，他再次回應：

「此何遽不能為禍乎？」他的兒子想騎上其中一匹馬，馬卻把他摔下來，害他摔斷腿。村民再次來慰問，牧人卻無動於衷。「此何遽不為福乎？」後來爆發戰爭，村裡只有那個兒子不能參戰，其他男孩都不幸戰死。「此何遽不為福乎？」

一生中哪些事情會成為福，哪些會轉為禍，誰說得準？看似無法承受的危機，到頭來可能激發我們所有潛能。我的童年非常辛苦……也正是那樣的環境鍛鍊我有能力在困境中茁壯成長，直接造就我的成功職涯。

一天深夜，我用線上語音軟體聊天，泰勒・琳賽－諾爾（Taylor Lindsay-Noel）的故事引起我的注意。二〇〇八年時，她是準備參加二〇一二年奧運的十四歲加拿大體操選手。然而她從單槓上掉下來，摔斷脖子。如今她四肢癱瘓，只能坐輪椅，脖子以下都無法動彈。

她卻很快樂。

體操的夢想破滅，她上了大學，希望成為娛樂記者，卻因為殘疾而難以從事這類工作。她上網尋找不同的工作選擇，最終開始做Podcast，邊喝茶邊訪問名人。由於無法找到茶飲公司贊助，她自己創辦「一杯茶」（Cup of Té），最後她的產品名列歐普拉的「最愛清單」。

她的茶飲套裝收錄於二〇二一年葛萊美獎和奧斯卡的禮物盒，泰勒的第一年銷售額就超過一百萬美元。她擁有蒸蒸日上的事業、真摯的愛情，富裕又充實的人生。如果沒經歷過那場可怕的事故，這一切都不會發生。若非泰勒親口告訴我，我根本不相信，但她堅持現在的她比出事前更快樂。她告訴我：「我幾乎就像重生。我完全失去運動員和奧運希望之星的身分，被迫重新審視自己，規劃人生。我再度評估自己的熱情、長遠的願望，以及真正能讓我快樂的事情。每天醒來，我都感恩自己有機會做更多、更進步，並且回饋社會。」

是好是壞，誰說得準？

我們身邊這樣的人不勝枚舉，他們不僅挺過危機，還以意想不到的全新方式蓬勃發展。我指的不僅是無法控制的意外和情勢，也適用於因為錯誤決定、可怕過失，甚至犯罪行為而陷入危機的人。看看瑪莎．史都華（Martha Stewart）。她因為備受矚目的內線交易賣掉自己的股票，並試圖掩蓋事實而入獄五個月。她出獄後是否躲起來，遠離大眾，放棄一切？完全沒有，她重建原本的事業王國，甚至做得更好。她推出無數新節目、寫書，合作對象從大型企業到史努比狗狗都有，宣傳她的居家烹飪和設計產業的新產品線。瑪莎沒讓危機摧毀她。

麥可・米爾肯（Michael Milken）的故事也許更戲劇化。他在一九八〇年代在金融界叱吒風雲，因創造「垃圾債券」[51]聲名鵲起，後來這個市場價值數十億美元。然而，他卻因為被控九十八項證券詐欺和詐騙而鋃鐺入獄，服刑將近兩年。他得向受騙的投資人和政府償還超過十億美元。出獄後，他被診斷患有前列腺癌。他做了什麼？他創辦慈善機構，資助研究前列腺癌，該機構後來成為世上最大的前列腺癌研究慈善基金來源。隨後，他又成立智庫，資助研究治療其他疾病的方法，二〇〇四年，他被《財星》雜誌譽為「改變醫學的人」。

二〇一四年，喬治華盛頓大學以米爾肯的名字重新命名公共衛生學院，因為學校收到米爾肯基金會和其他以他名義捐款所餽贈的八千萬美元。米爾肯入獄並改過自新，世界顯然因此變得更美好。

是好是壞，誰說得準呢？

51 Junk bond，又稱高收益債（High-yield bond）、劣等債券，是信用評級甚低的債券。

我們無法選擇自己何時發光發熱

我的朋友蘿倫・布克（Lauren Book）自二〇一六年起在佛羅里達州參議院任職，並於二〇二一年四月由民主黨同僚一致推選為少數黨領袖。她曾與歐巴馬（Barack Obama）和拜登總統會面，被視為未來佛羅里達州州長的有力競爭者。儘管面對異常艱鉅的挑戰，她的一生仍不斷過關斬將，克服逆境，想辦法讓自己發光發熱。從十一歲開始，蘿倫遭到居家保姆性侵、虐待、毆打，長達六年之久。這名保姆深受蘿倫一家信任，脅迫蘿倫發誓保密，蘿倫因此付出慘痛的代價——因為飲食失調，導致她體重驟降至三十八公斤，並患上失眠和創傷後壓力症。施虐事件曝光後，保姆被判二十五年監禁。這種創傷足以讓人無法創造光明未來。

但蘿倫並未屈服。她利用自身經歷拓展事業，創造機會幫助他人，這是她始料未及的事；蘿倫上了大學，取得初等教育學位，決心成為小學老師，隨後又拿到社區心理學碩士學位；這還不夠，她想分享自己的故事，鼓勵世人，幫助面臨類似困境的人。

蘿倫創辦非營利組織「蘿倫的孩子」（Lauren's Kids），向兒童和家庭宣傳性虐待問題。十多年來，她每年帶隊在佛州舉辦二千四百一十四公里的「設身處地」（Walk in My Shoes）步行活動，全程超過四十二天，紀念光在美國就有四千二百萬的兒童性虐待倖存者。蘿倫撰寫回憶錄《說出來沒關係》（*It's OK to Tell*）和兒童讀物《蘿倫的王國》（*Lauren's Kingdom*），分享她的經驗和教訓，鼓勵孩子說出影響人生的秘密。然而，她還想做更多事情。二〇一六年，她競選佛羅里達州議員，幫助通過立法保護兒童免於受虐和其他有害他們成長的因素。二〇一八年，佛州派克蘭市瑪喬麗史通曼道格拉斯高中（Marjory Stoneman Douglas High School）發生致命的大規模槍擊案後，蘿倫支持立法，要求學校安裝緊急警報系統。蘿倫成為受到牽連的學生們的珍貴支持，她參加葬禮，與家長會面，幫助倖存者提倡改革。

二〇二一年初，為蘿倫四歲雙胞胎看診的小兒科醫生，因涉嫌持有兒童色情資訊被捕。這件事踩到她的地雷，她不敢相信佛州法律竟然允許嫌犯在未結案前繼續行醫。她推動立法，確保醫生在涉嫌犯下與性或暴力相關的嚴重罪行時，執照就應該立即吊銷。蘿倫在這個議題及其他問題方面已經成為英雄，但她並非一開始就立定這個志向，而是因為聽從內心的聲音，也就是利用創傷幫助他人，而不是袖手旁觀。現在，身為參議院少數黨領袖，她正在推動佛州議程的制定，前途無量，令人敬佩。

我想在書裡講述蘿倫的故事，一方面是希望書中講述的經驗不只與賺錢有關，破釜沉舟的意義不僅於此。我們全力以赴，不斷超越自我，是為了發揮影響力，實現各式各樣的目標。

「我很榮幸每天都能投入這項工作，」蘿倫告訴我，「我很幸運也很自豪，能夠運用自己的聲音和經歷——我知道有些人不願意多觸碰這塊，因為這很難，也很痛苦。但我發現，與其做受害者，不如用自己的故事嘗試改變我們的文化，重新考量如何保護兒童和倖存者。」

她的經歷讓她成為獨一無二的倡議者。即使她絕不會挑中自己，宇宙卻選上她。

我與蘿倫談論我們辛苦的童年經歷，雖然是截然不同的苦難，最後都有同樣結論，要勇於面對不適和恐懼，而不是逃避；唯有這麼做，才能釋放潛能。蘿倫說：「這是一段旅程，你要知道，無論經歷過什麼，都已經發生，所以你需要想辦法往前走。這是不斷改變的過程，不是終點，你必須有耐心，善待自己。人生是流動的，是混亂的，是灰色的，但你總有機會發揮影響力，幫助這個世界。」

終歸一句話，追逐威脅

為什麼泰勒．琳賽－諾爾能在危機後重塑人生？為什麼麥可．米爾肯能夠華麗轉身，成為醫護界舉足輕重的慈善家？為什麼克莉絲汀娜．托西能夠在全球疫情肆虐期間大舉擴展自己的品牌？危機迫使我們採取行動。我們別無選擇，只能竭盡全力，因為我們知道，不這麼做就會有所失去。

一切順利，沒有迫切的變革動力時，要做出重大舉措往往更困難。當我們不需要迫切求生時，就會犯下一個根本的錯誤，以為什麼都不做也沒關係。但我們可以換個方式看待這個問題。危機當前，我們的選擇有限。我們必須活下去，保命的選擇可能又稀少，又有限。沒有危機時，我們的選擇彷彿無窮無盡。在過去十年，克莉絲汀娜·托西隨時都可以進軍超市。她不只可以烘焙餅乾，也能設計自己的服裝品牌；或將倉庫改成餅乾工廠，為其他品牌代工；推出互動式百老匯餅乾烘焙秀，在節慶時期為成千上萬的觀眾帶來歡樂。她的生意夠穩定，上述選擇雖然出乎意料，卻不會毀掉她原有的成績。

人人都可以隨時大膽嘗試，但我們通常不會這麼做，因為選擇太多。我們該選什麼？答案並不明確，維持現狀反而容易，所以我們常選擇什麼也不做。

我們很容易說服自己，選擇越多，選項越多，一定越好，但研究指出，選擇過多反而會使我們無所適從，大大降低效率。心理學家貝瑞·史瓦茲（Barry Schwartz）曾撰文探討選擇的悖論：高檔雜貨店提供顧客優惠券，憑券購買一罐果醬可減一美元。有些顧客看到桌上陳列了二十四種果醬，另一組只看到六種。「選擇較多的那組似乎比選擇少的那組更吸引人，」史瓦茲寫道，「但真要購買時，看到更多種類的人購買的可能性只有另一組的十分之一。」換句話說，選擇太多反而讓消費者不知所措。

☑ 我們從這一章的故事可以得到什麼結論呢？我們的事業、人生，和這個世界都會碰上壞事。我們很容易偏離軌道，忘記目標，不再義無反顧。但危機也可以帶來機會，讓你發光發熱、成功發跡、邁開大步。

如果我們選擇迎接挑戰，而不是逃避，不僅可以不偏離軌道，還能找到更新、更廣闊的道路。

無論順境或逆境，都要不斷問自己：

- **最壞的情況是什麼？**
- **如果今天要重新開始，我會怎麼做？**
- **面對惡劣的處境，我要如何從中找到價值？**

克莉絲汀娜·托西當然不希望發生疫情。但與二〇二〇年二月相比，她現在是否對自己的事業更滿意？毫無疑問，她的確更開心。

我終於找到時間寫這本書，我高興嗎？

當然高興，希望你讀這本書時也和我一樣開心。

這本著作不該等到疫情爆發才得以問世，但事實就是如此。下次不會了，因為我們有學習能力，會變得更好，我們發現，看似不可能的事其實辦得到。我們只要打破阻礙自己獲勝的固有模式，就能發揮真正的潛力。

CHAPTER 6 打破阻礙你前進的模式

我之所以能為職涯做好重要準備，原因可以追溯到我早期擔任記者時。為什麼？在那時我學會了識別模式[52]。記者需要接受大量資訊，一遍又一遍地看著人生的模式重複演繹。只要觀察人們夠久，就能培養出發現趨勢和預測未來的能力。

這些模式幫助我們成功，也正是這些模式阻礙我們前進。我作過重大決策，也曾完成轟動一時的交易；經歷過買了又後悔的糟糕狀況，就是每件事情都出亂子之後，你才意識到，如果當初審查得更仔細，應該就能發現問題，無論這個問題來自公司、合作夥伴或是你自己。更糟糕的是，就算你發現問題，卻可能因為認知上的偏差或傲慢而說服自己視而不見，以為自己可以克服。

我們必須熟練識別嚴重影響工作成果的行為模式，並且採取行動。有時，這

52 pattern recognition，一種讓計算機或系統能夠識別和分類各種模式或結構的技術，旨在從資料中找出具有某些相似性或結構特徵的模式，並根據這些模式進行分類或預測。

些行為模式來自外界，是我們應該識別，並且極力避開的情況。有時則是來自我們自己，就是誘使我們作出錯誤選擇、或不經意破壞成功的思維模式。這一章的重點，是傳授如何找到這些模式，並學會克服它們。

避開外在障礙……

錯誤的合夥人

正如我之前所說，無論工作或生活，找到合適的夥伴至關緊要。我經常看到某種模式：創辦人自認不熟悉某一行，所以需要找到該產業的專家。於是他們招募共同創辦人，對方的背景正是他們想要顛覆的行業……但這位共同創辦人又過於墨守成規，無法任由公司走出一條新路。合作關係就此陷入僵局，一方拚命往東，另一方死命拉住。這種情況也會發生在歷史悠久的公司；有人想創新，但到了某個階段，創新變得太過不同尋常，太可怕，對提出新想法的人而言，放棄比堅持奮鬥更容易。

因此你若想闖出一番別出心裁的事業，控制權就很重要。無論做任何事情，我們必須仔細考慮，你需要的是合夥人，還是具備特定技能的下屬？我常看到創辦人把很多的股權和權力交給本來只要當員工的對象，卻不是讓他們成為合夥人。沒錯，你可能有問題，可能需要幫助。但需要協助的問題得到解決之後，你還需要保留這段無法擺脫的合夥關係嗎？

Lively 的蜜雪兒・柯黛羅・葛蘭特有個絕妙辦法，也對這套做法極富信心，每當看到有人建立不必要的合夥關係時，我都會想到這個方法。

「首先我會列出清單，寫出我害怕面對的所有事情，」她告訴我，「我對於業務中哪些領域一無所知？訂單管理、客戶服務、數位行銷，都是我必須找人幫忙的不熟悉領域。然後我梳理人脈，建立備用名單，列出遇到問題或疑問時可以求助的人。在創業之際，有許多小問題需要解決。但我可以找人諮詢行銷長或財務長才能應付的問題，可以請人解決某個具體問題，同時仍然掌控自己的公司。不必非得建立永久關係，你可以試試看，看看在碰上問題的時刻需要什麼。」

我欣賞這種態度。事實上，賓州大學有兩位學者在二〇一八年研究 Kickstarter 募資平台[53]上數千個專案，發現獨資創辦人的企業存活率是兩人或多人團隊的兩倍以上。我不是想強調一定要單打獨鬥，因為數據確實指出，相較於一人創辦的公司，擁有兩名以上創辦人的企業市值更可能高達數十億美元。這些價值十億美元的獨角獸公司，有八成都有創立團隊。有合夥人可能是好事，但前提是出於必要，而非出於不安全感。

評估潛在合夥人時，還必須評估自己：你會不會重視他人的貢獻，還是會不斷產生摩擦？我考慮投資有合夥人的企業時，我會留心某些警訊。

- **緊張的跡象**：沒有人會蠢到向投資方透露創辦人之間的關係開始惡化，但如果我在可能投資的公司發現創辦人之間的互動有微妙的摩擦，而且當時還是他們應該拿出最佳表現的時刻，那麼他們平時的狀況肯定糟上十倍。抱歉，有鑑於此，我會退出。
- **對待變革有不同看法**：通常有一個創辦人提出想法，另一方則是經驗豐富的業界專家。但那位專家必須認同合夥人的變革理論，否則合作不會成功。如果貴公司的專家依然保有傳統的業界思維，不是害怕嘗試不同的做法，就是不太相信業界需要改變，那麼你們就不該成為合夥人。

- **分工缺乏差異化**：誰負責什麼，為什麼？是的，懷抱一致的願景比技能互補更重要，但如果彼此的專業有所重疊，或每個創辦人需要各懷專精的理由不明顯，那麼這段合夥關係的本質就有瑕疵。每個人都該有正當理由，才能成為合夥人。
- **性格不合**：公司可以像個大家庭，但創辦人對待員工不能像失職的家長，不能一方好說話，一方很嚴厲。如果員工知道某位創辦人比另一位更好說話，或者他們可以藉此挑撥創辦人之間的關係，整家公司就會變得不穩定，容易遭到利用。合夥人需要口徑一致，步調一致，不要讓員工（以及客戶和投資方）知道哪個合夥人會屈服於他們的要求，哪個合夥人不好對付。
- **努力程度不同**：有時一個創辦人很努力，另一個……則不然，這對任何團隊而言都是大問題。問問前海軍海豹部隊的寇特·柯羅寧（Curt Cronin）就知道。成為世界各大企業和組織的顧問之前，寇特曾服役於海豹部隊長達二十年，也是「海軍特戰開發群」（Naval Special Warfare Development Group）

53 二〇〇九年在美國紐約成立、最初基於美國人後來拓展至各國的產品募資平台，它透過該網站進行公眾募資以提供人們進行創意專案的籌集資金。

的前領導人。在追求顛峰表現（包括身體、心理和情緒）方面，我會向他請益。我請他來訓練邁阿密海豚隊，幫助他們達到最佳表現，並且在球場上盡可能長時間維持這種狀態。寇特說團隊的每個人都必須全力以赴，否則所有努力就會付諸東流。「無論是不是海豹部隊，我們每個人之所以能夠完成超凡的事情，是因為每個人都清楚知道自己要全力以赴。一旦有人猶豫，就沒有人會認真，飛輪就會停止轉動。」每個人都必須盡心盡力，否則會滋生怨恨，事情就會失敗。創辦人各有不同動機時，我就會看到這種狀況。一方有點家底，另一方從財務角度出發，把創業當成發大財的大好機會，這種做法絕對行不通。如果每個人不能全力以赴，這份事業就無法持續。

糟糕的投資人

除了合夥人，還有其他需要考量的利害關係人。投資人很重要，至少是在需要外部資金時。我一再看到的模式，就是猶豫不決或苛刻的投資人可能會成為絆腳石。選擇投資人的首要原則必須是：**不要造成損害**。

也許你聽過某家失敗的新創公司Juicero，這家公司的產品是連結無線網路的榨汁機，顧客可以透過訂閱服務，拿到切好的新鮮蔬果榨汁。他們的失敗源自彭博社記者拍攝的影片，該影片顯示消費者可以自己動手擠壓榨汁袋，售價六九九美元的機器就顯得，呃……格外多餘。網路媒體CNET稱其為「證明矽谷有多愚蠢的最佳範例」。

我們可以爭論這款機器的優點——老實說，它們和過去二十年大受歡迎的膠囊咖啡機沒什麼太大差異。只需要熱水和咖啡粉就能煮出一杯咖啡——為什麼果汁就不一樣？但這家公司早在影片瘋傳的幾個月前就開始走下坡，當時投資人趕走Juicero的創辦人兼執行長道格·艾文斯（Doug Evans），改聘任可口可樂前營運長。

只要見到道格，不出十分鐘你就會清楚了解他的為人，也知道寫支票贊助他的專案，你會得到什麼回報。初次握手，你就會清楚看出他的優點和能力局限。他不隱藏自己的底牌，也不隱藏他的動力和願景。在Juicero事件之後，如今他住在蒙古包裡，宣揚苜蓿芽是人類文明的未來；他參加一個又一個會議，是火人祭[54]

54 Burning Man，始於一九八六年的舊金山，後來移到內華達州舉辦，一年一度，為期九天，可說是藝術祭典、文化實驗或展現人性的派對。

的常客。任何投資道格的人都該明白他們想要的是什麼，最重要的就是他的願景，如果要因為道格的任何個人特色而捨棄他，一開始就不該做這筆交易。

道格將 Juicero 視為一場長期遊戲的開始，他們經營的不只是榨汁機，更是一個社群。果汁器只是起點，他要用網際網路建立注重身心健康的生活。道格相信投資方不了解，若投資方想要紀律和安全感。那從來不是道格的風格。簡單來說，雙方並不相配。「合適的投資方會支持創辦人走到最後，」道格說，「回顧 Juicero，我覺得我們犯了幾個關鍵性的錯誤，我們走在時代先端。投資人覺得他們受夠了，但我覺得公司還可以走下去。」

各種利害關係人都可能阻止你將直覺付諸行動。如果你沒得到他們的支持，還得花費氣力迎合他人的需求，就會降低你成功的機會。除非你真的需要他們，否則不要把權力送給別人。

資金不足

這個限制投資人影響力的建議，與多數公司的實際問題有所牴觸：他們需要投資人，因為他們需要錢，這個現實不容忽視。資金耗盡時，公司也會跟著完蛋。

約莫二十五年前，我就親眼見證過。我做過最棒的工作在 Kozmo.com，那家新創公司領先時代，當時還沒有智慧型手機，他們承諾在一小時內將商品和雜貨送到美國九個城市的顧客手中。他們募集數億美元，後來卻血本無歸。在一九九八年和一九九九年之際，他們的崛起似乎勢不可擋，當時我在市長辦公室上班，Kozmo 開了我無法拒絕的數字，遠高過當時的薪水，請我擔任危機公關總監。雖然我最後還是回到市長辦公室，但 Kozmo 打給我時，我決定放手一搏。

喬・朴（Joe Park）在二十八歲時創立公司，這位執行長對未來有驚人的洞見。他知道電子商務的重點就是供應鏈的最後一步[55]，然而當時的世界尚未準備就緒。一九九七年，人們依舊不願意在網上輸入信用卡號碼——「百分之六、七十的客戶仍然使用撥號連接」，最近約瑟夫這樣告訴我。為了維持 Kozmo 規模所需要的龐大倉庫和配送基礎設施的開銷，他們必須盡快在每個地區增加客戶密度。否則每份無利可圖的冰淇淋訂單，都會加速他們滅亡。

因此他們急於建立品牌知名度，在廣告上投入大量資金，迅速擴張配送區域，

55 last mile，指商品從配送中心或倉庫最後一站送到顧客手中的運輸階段，是最後也是最關鍵的環節。

但市場知名度不等於獲利能力。「我們當初應該採取不同做法，」如今約瑟夫回顧說，「我們應該意識到必須等更久，等待市場準備就緒。即使 Amazon 早期也面臨過生死存亡，在一九九九年和二〇〇〇年募集十八億美元的可轉換公司債[56]；Tesla 幾年前也是如履薄冰。Kozmo 是當年前三、四家最大的新創公司，但我們就是沒有足夠的資金撐過去。」

約瑟夫說市場尚未準備就緒這一點，也是我下一個反覆看到的模式。

你無法預測何時成功

約瑟夫三歲從南韓移民美國，從開乾洗店的爸媽身上學到最早的商學課，他比別人更早洞察電子商務的發展方向，所以 Kozmo 倒閉幾年後，貝佐斯聘請他先後管理廣告和遊戲機部門。但當時世界還沒準備好，這種情形我見多了。我們都太早期待回報，受到自己腦中的想法迷惑，以為別人也有同樣想法，即使事實不然。我常以為自己的看法已經太落後，但其實我遠遠把大家拋在後面。當我想投資某家公司或某個產業時，我會著了迷地讀遍所有找得到的資料，讓自己沉浸在這個領域。有時我會誤以為別人也和我一樣，其實不是。

我曾經有機會在早期投資一家極其成功的公司，該公司生產電動垂直起降飛行器（eVTOL），我卻放棄了。卻步的原因，是我看到已經有數十間公司進入這個領域，我心想也許自己來得太晚，高峰期已經過去。老實說，我並不確定。其實當你過了臨界點，你就不會困惑了，因為形勢會非常明顯。如果你不知道自己來早或來晚了，我敢說，你進場很早，還有許多上升空間。問問在二〇〇八年投資 Facebook 的人就知道，當時該公司市值約一百五十億美元。（我寫這本書時，它的價值已經漲了十五倍。）

同樣地，你想放棄某個想法時，先打住，問問自己，你這麼做是因為自己感到無聊和不耐煩，還是真有退出的理由。太過熟悉就會招致輕蔑。我們都聽膩了自己的故事，所以覺得反感，即使世上多數人都還沒聽過。

你需要好好構思人生的重大冒險，才知道何時是正確的時機。要做得對已經夠難，要準確預測**何時**做得對，更是不可能。也許短期看起來錯得離譜，但長遠

56 convertible bond，指附有讓債券持有人得自發行日起屆滿一定時日後，於一定期間內享有按約定之轉換價格或轉換比率，將公司債轉換成發行公司普通股之權利的公司債。

來看，你卻是先知諾斯特拉達穆斯[57]。我告訴大家，無論是什麼產品，新創公司至少需要三年才能穩定，五年才能收成，而且幾乎少有例外。

我投資餐廳訂位平台RESY時，對時機是否恰當產生懷疑，我們最後把它賣給美國運通公司。創辦美食網站Eater的班・勒凡塔爾（Ben Leventhal）和蓋瑞・范納洽一起推動了這個點子，我們先是想到餐廳並未有效利用重要資源。為什麼週五晚上九點的頂級餐廳桌位價格和週二下午五點半一樣？我們認為應該有辦法創造價值，但市場有不同看法，如今依舊沒有同意我們。

然而班意識到，一流餐廳真正需要的是OpenTable[58]的替代品。OpenTable是這個領域的巨頭，利用付費搜索攔截餐廳的需求，每次顧客訂位之後，再賣回給餐廳。因為OpenTable是業界龍頭，雖然餐廳業者對OpenTable所創造的迴圈感到反感，又無法不依賴。

一流餐廳不需要OpenTable的服務，他們可以控制自己的需求，相較於

OpenTable的老舊技術，他們需要的是更強大的技術支援。基於這些發現，加上意識到市面尚未準備接受RESY最初的商業模式，班改變公司定位，為世界頂級餐廳提供卓越的後台系統，希望摧毀OpenTable的壟斷地位。

然而一開始就不順利。當團隊募資失敗，幾乎燒光所有資本。我們將團隊搬進RSE的辦公室，穩定局面，然後不斷更新修正（iterate），最後以九位數的價格賣給「美國運通」。我仍然相信最初的價值主張，只是世界還追不上我們，現在也還是沒追上。

與約瑟夫．朴的交談讓我想起Kozmo的另一個故事。當時不僅市場還沒有準備接受我們，還把我們與先進入市場的對手相提並論。Webvan是雜貨配送公

57 Nostradamus，法國籍猶太裔預言家，精通希伯來文和希臘文，留下以四行體詩寫成的預言集《百詩集》一部。

58 一家線上餐廳預訂服務公司，於一九九八年創立，總部位於加州舊金山。

司，最後成為史上最大的達康泡沫[59]，虧損將近十億美元。Kozmo 的模式不同於 Webvan（該公司砸大錢蓋倉庫和購買物流卡車），盈利的過程也更短，但 Webvan 倒閉之後，沒有人願意進一步投資 Kozmo。

我推動金恩保險公司上市時，也看到同樣模式。是的，當時整個股市下跌絕對是問題，但更具體的原因是公司最接近的競爭對手「河馬保險」（Hippo）的股價在一年內暴跌九成。儘管「河馬」得到 LinkedIn 創辦人雷德・霍夫曼（Reid Hoffman）的支持，市場仍舊強烈反對「河馬」上市。「河馬」和「金恩」（我們的商業模式和數據都遠遠優於對方）大不相同，但機構投資人無法不把兩者放在一起比較。當時保險科技市場剛起步，外界無法分辨細微的差異。這就給我們一個教訓：如果你很早就涉足新領域，一定要確保開創自己的市場，不是被人拿去和其他同業相比。你需要成為先驅，打造自己的故事，由你自己決定生死，不要因為比你遜色的競爭對手垮台，而慘遭牽連。

當然，這些外在的障礙如合夥人、投資人、資金和時機可能是致命因素，但那些不見得顯而易見的模式，往往肇因於你，而非外在世界。

別忘了自省

你無法事必躬親

我經常看到這種模式：你是執行長，能力超群。你非常了解自己的事業，若非忙不過來或時間有限，你樂於親自處理每件事。你僱用員工是不得已的，不是出自心甘情願。因此你為員工訂下不可能達到的標準，對他們進行過度管理，擔心他們失敗，也過早介入。你最終陷入營運的泥沼，你沒做到執行長的分內事，也就是擴大規模、以你的願景領導公司，指揮前進方向。這種方法注定失敗，也是我看到聰明的領導人最容易落入的陷阱。

多數美式足球隊的總教練就是最佳範例。總教練幾乎都是由進攻或防守協調員晉升，他們負責制定戰略，這方面的能力也越來越出色。然後他們得到提拔，突然間要他們放棄當初成功的技能？我想許多人辦不到。他們仍然想要制定戰術，

59 dot-com bubble，即網際網路泡沫，指一九九五年至二〇〇一年間與資訊科技及網際網路相關的投機泡沫事件。

這表示他們不會退一步看得更長遠。但是ＮＦＬ非常相信「天生領袖」的神話，所以新上任的總教練沒有任何在職訓練。大家相信他們如果不是天生奇才，後天也訓練不來。所以為什麼很多新教練在三年內被解僱，那也就不足為奇了。

即使是最優秀的戰略制定者也需要超越自己，適應總教練的角色。邁克·坦寧鮑姆說：「他們需要進化，融入這個職位。」

「他們必須有自信，才能請到優秀的員工，」雷克斯·萊恩補充，「一旦我拿到總教練的職位，就不怕僱用最優秀的人當下屬。我留下和我一起應徵這個職位的人，因為我知道上頭選了我，我為什麼要覺得受到威脅呢？我引進年輕人、認識的人、不認識的人，他們都有好名聲。我當然想用最頂尖的人才。」

但雷克斯不是一般人。許多總教練拒絕聘用比他們更優秀的人，因為他們擔心自己的飯碗不保。不要掉進這個以自我為中心的常見陷阱。

這點在商界很難做到，因為這不僅僅是指揮進攻和防守，公司有無數職位需要找人，優秀的領導者需要讓自己幾乎在所有職位都派不上用場。

問問你自己：如果你住院一週，公司還能營運嗎？一定要辦到。如果你害怕別人比你更出色，就不要以自己為中心。你必須僱用在每項工作上都比你優秀的人，而且你要為此感到慶幸，而不是怨恨。人們不想為管太多的領導人效命，員工希望主管重視、欣賞、信任他們。領導者最大的功課就是讓優秀的人才適得其所，並幫助他們發光發熱。

為了擴大規模，你要了解自己的強項和弱點。蘿倫．布克與我談到在政治領域如何建立戰略聯盟時說，你要找到志同道合的人，他們可以帶來不同的優勢，這種組合就能發揮效用。你利用你的人脈和能力幫助他們達成目標，他們也利用他們的人脈和能力幫助你。無論政壇或商界，這個原則適用於每個領域。你要知道自己能做什麼，要知道何時需要別人幫忙。

「無人機競速聯盟」的尼可拉斯．戈巴切夫斯基提供了完美範例，讓我們看到何謂「大膽提供別人發光發熱的機會」。「事必躬親當然比較容易，」他承認，「我長久以來都這麼做，也做太久了。後來我不得不承認我作了錯誤的權衡。當時我知道我得聘僱總裁，但找高階主管進公司是最困難的事，如果找錯人就是大災難。」

尼可拉斯在「無人機競速聯盟」完成C輪融資後聘請芮秋．賈卡森（Rachel Jacobson）擔任總裁。對他而言，退居幕後是個重大決定，但有其必要。尼可拉斯解釋：「我們就需要她促進公司的發展。」芮秋加入之後，也協助公司更上一層樓，談成新的合作關係、幫助無人機成為合法的運動博彩、讓頂級遊戲機納入他們開發的電子遊戲等等。如果沒有芮秋，他不確定無人機競速聯盟能不能再撐一年，畢竟他一個人是無法獨力完成所有工作的。

不要小打小鬧

我在RSE的合夥人史蒂芬．羅斯有許多地方值得欽佩，其中一點，就是他明白，要做大事。減輕不利因素並不重要。當你有個必勝標的，就必須記住：必勝標的是非常罕見的，這是「破釜沉舟」的終極時刻，必須全力以赴支持這個標的，因為就像史蒂芬常說的話，「下注越少，獲勝時的損失越大。」

如果你發現環顧周遭都沒有同伴，就很難加倍下注，因為我們都害怕出錯。

我的理性腦經常干擾我的感性腦。我的理性腦無法理解，別人面對我所看到的事實時竟然不會躍躍欲試；我的感性腦意識到情人眼裡出西施，我們必須追隨自己的心。

腦袋和情感鬥爭時，我們很容易妥協讓步。我們小賭一把，如果我們錯了，也不會太難過。但如果值得冒險，我會證明這一把值得全押。我知道有些投資者喜歡「到處撒網」，這裡丟一點，那裡投一點，希望其中幾樣的獲益能彌補其他損失。我也試過，後來發現這種方式還有另一個名稱：白費心力。小打小鬧的投資人不會得到驚人的成功。如果你想成為領導者，就必須承擔風險，領頭邁進。

因為不想陷入小打小鬧的困境，所以《創智贏家》的忠實觀眾總是聽到投資人堅持爭取更多股權。我們知道，無論擁有百分之二或百分之四十二的股權，投資都得耗費大量精力，如果只有百分之二的收益，就沒理由投入這麼多時間。每件事情背後都有機會成本，你把時間花在某個事業，就得放棄其他專案。

你往往需要觀察成百上千的公司或交易，才能找到必勝標的，這點絕對不假。你不見得會跟第一個約會對象結婚，所以你應該研究你的錢有沒有更好的用途，才開支票。最好的決定永遠是相對的。無論如何，絕對要貨比三家才決定，你應該和其他可行方案並列比較。如果你真的找到禁得起比較和檢視的必勝標的，請不要猶豫，更不要放棄。小打小鬧絕對會讓你無法實現大夢想。

不要相信炒作

當只有你看到機會時，有時我們會很難全力以赴。但不要因為這種恐懼就隨波逐流，以為別人比你懂得更多。投資人看到大家拚命買進，忍不住也想跟風，就會掉進這個陷阱。他們害怕錯失機會，所以說服自己相信某個商業點子。

Theranos 就是一個例子。這家醫療科技公司在被揭穿是騙局之前，已募集七億美元，估值高達一百億美元。創辦人伊莉莎白・霍姆斯（Elizabeth Holmes）聲稱已經開發出革命性的驗血技術，不需要針頭，只要戳手指取一滴血就能完成兩百四十多項檢測，包括膽固醇、衣原體、古柯鹼等。如果該公司所言屬實，這項技術就太厲害了，可惜不是。霍姆斯卻沒有因此罷休。她籌組大有來頭的董事會，成員都是名人和八旬老翁，包括季辛吉[60]、比爾・費利斯特[61]、詹姆士・馬提斯[62]和大衛・波伊[63]，並且利用他們的名聲吸引投資者。

老實說，當我看到 Theranos 董事會充斥這些大人物時，我就覺得事有蹊蹺。我不確定是不是騙局，但我覺得霍姆斯是聲東擊西——美式足球員會用這種策略轉移敵隊注意力，免得對方看穿四分衛要往哪跑。我問自己，如果要籌組董事會幫忙革新驗血技術，我會找這些人嗎？董事會確實有一位來自學界，就是美國疾病管制暨預防中心的前總監威廉．佛吉博士（Dr. William Foege，即使詐騙事件曝光，他對公司的支持從未動搖！），但其他董事都是業界的門外漢。二○二一年秋天伊莉莎白．霍姆斯受審時，科技新聞網站 TechCrunch 寫道：「除了佛吉，沒有人懂診斷測試、背後的技術、挑戰、物流、經濟因素甚至生物學……（董事如詹姆士．馬提斯）聽信霍姆斯和高層領導團隊，就以為有這種技術。」

伊莉莎白．霍姆斯說了一口好故事，也得到媒體好評。從各方報導看來，該公司想實現科幻般的夢想……結果辦不到，他們撒謊掩蓋，損失慘重之後，才有人發現。二○二二年，霍姆斯被判詐騙投資人的四項罪名成立，審訊之際才揭露

60 Henry Kissinger，美國政治人物，曾擔任國家安全顧問和國務卿。
61 Bill Frist，美國政治人物、醫生，曾代表田納西州出任參議員、參議院多數黨領袖。
62 James Mattis，第二十六任美國國防部長、北大西洋公約組織盟軍轉型司令部最高司令。
63 David Boies，美國王牌律師，以二十一世紀初美國司法部控告 Microsoft 一案成名。

她如何偽造演示、竄改報告和誇大財務結果。

Theranos的案例是個寶貴教訓，教導我們不要被錯誤的理由吸引。如果某些事情引發大腦的情緒反應，還企圖安撫你尚未意識到的恐懼，你就得問問自己，免得上當了還沾沾自喜：**我是不是遭到操弄了？**

人腦不完美，這種陷阱很有效。這就是所謂的**普及性傳播**（availability cascade），也就是製造假新聞的惡性循環，故事傳得越廣，可信度越高，普及度取代正確性，大家因為不斷聽到這種說法，更容易相信。提默・古蘭（Timur Kuran）教授和凱斯・桑思汀（Cass Sunstein）教授曾撰文論述這種現象，他們指出，即使是假消息也能得到大眾接受，人們覺得只要聽說過，就一定是真的。

心懷不軌的創業者就能利用這一點，在媒體上大肆渲染自己的公司，找名人背書，營造「時髦人」都支持他們的形象。你不想落後，認為其他人不可能糊里糊塗，所以你也加入。該研究談到「普及性企業家」（availability entrepreneurs），他們了解這種心態，利用這種心態達到他們的目標。當然，更可以利用「比傻理論」（Greater Fool Theory）賺錢，因為每天都有更笨的人，他們會抬高公司價值，創造可觀回報。但我保證，世上真有因果報應，即使這種投資策略暫時有效，但助長他人作出不道德的選擇，到頭來也會害死你。我寧可選擇真正能提供價值的企業家，而不是只想說服我相信他們是真材實料。

有時我們必須放手

我們都熱愛自己的事業，不願意承認失敗，對自己或對外都不肯承認。所以即便所有證據都直指我們不可能成功，我們還是持續追逐。創業家丹尼・葛羅斯菲（Danny Grossfeld）上《創智贏家》賣罐裝熱咖啡，還附送保溫箱。該產品在日本顯然蔚為風行，在美國卻不成氣候。他一直試著把產品推銷到酒館、電影院這些他認為可行的地方，但他六年來毫無實績，只有人來詢價。丹尼向親朋好友募資兩百多萬美元，包括他自己的五十多萬。

他在節目中的表現並不理想。羅伯特・赫哈維克[64]指出，美國到處都有咖啡館，他的產品可能不符合美國的需求。馬克・庫班說他喜歡這個點子，但討厭這門生意。他說：「那塊大石頭會掉下來壓扁你。」

64 Robert Herjavec，克羅埃西亞裔加拿大商人、投資者和電視名人。

對所有人而言，市場缺乏興趣都是致命因素。蘿莉・葛雷納說丹尼應該「止血」，凱文・歐勒利說，只要一門生意超過三十六個月沒有盈利，就該「帶進穀倉殺掉」。我認為凱文的經驗法則可能過於簡化，畢竟Facebook花了五年才轉虧為盈，Amazon則是九年，但至少他們有用戶、營收、接受度，這些都證明在市場上有關注度。但丹尼卻一無所有。

我們會堅守某些想法，一部分原因是「沉沒成本謬誤」（sunk cost fallacy），當我們已經在有缺點的專案投入資金，當然還要繼續投資，但這又稱為「花冤枉錢」。不要這麼做。你必須看到市場有一定的接受度，認清市場的反應。我發現募資輪次有個臨界點，可以追蹤到這個跡象。如果已經到了E輪，公司依舊需要募資，就代表你已經走上不歸路。經過這麼多階段的融資，顯然就是出現大問題。除了少數例外，到了F輪、G輪甚至更高輪次，你早該獲利或結束營業了。老實說，這就是融資輪次的現實面，執行長和經營團隊所持有的股份在每一輪都會越來越稀釋，而且每一輪的投資條款會更加嚴苛。如果你走到這一步，那已經不是破釜沉舟，而是釘死艙門嚴陣以待，尋找逃生機會。

到了某個階段，你必須再問自己幾個棘手的問題：

- 你的解決方案其實是製造問題嗎？
- 你的時間和金錢還能做什麼？（機會成本！）
- 未來的結果真的對得起你已經付出的努力和金錢嗎？或是你只是說服自己有進步，才有理由堅持下去？
- 就像我在第五章提出的問題，如果你今天要重新開始，還會投入這樁事業嗎？

人們擔心自己一旦放棄夢想，就再也不會有其他好點子了。但是成功的人一生不會只有一個好點子，點子就像房地產業的房子，明天總會有新房子待售。

有時不見得戲劇化到必須放棄整個事業，而是釐清正確的改變方向，就像艾米特．夏恩和他的團隊決定，Pattern 要收購已經成熟到可以擴大發展的現有品牌，而不是從零開始打造自己的新品牌。成功的人會不斷更新修正自己的想法，宇宙很仁慈，一定會在為時已晚之前給你修正方向的機會。最成功的人之所以與眾不同，在於他們不僅能修正方向，還能在形勢所迫之前就執行。他們積極使用所謂的「小火箭」。

我喜歡把追求重大目標的過程想像成發射太空船。大型助推火箭利用約三百一十八萬公斤的推力，將太空船送到大氣層之外的初始軌道。這就相當於決定付諸實行時的重大決策。但太空船也裝有較小的火箭，稱為續航器（sustainer）。發射時它們的作用不大，但在旅途中，這些續航器卻扮演重要角色。太空船哪怕只偏離航道幾度，也會成為一團火球落入海裡，這些小火箭的小爆破能讓太空船回到正軌。在事業陷入火海失控之前，優秀的領導者就會善用這些小火箭。

無論這家公司有多棒，你恐怕不適合坐鎮領導

現在要進入重頭戲了，即使一切完美就緒，也「注定失敗」的模式。我看過諸多這類案例，公司很棒，領導人可能也很好，但彼此並不相配。我欣賞的投資人班・雷勒[65]將這件事稱為「創辦人／產品契合度」。有時創辦人心知肚明，又害怕放棄自己的寶貝事業。記得，你**能**做不代表你**應該**做。往後三年、五年、十年，這都是你想走的路嗎？每個人都不一樣，熱情、興趣和渴望都各不相同。

不是每個人都同意我的看法，但我不想支持不追求夢想的人。我寧可支持將事業當成使命的人，即使他們可能也無法說清楚原因，但這種神秘的衝動會支撐

他們度過創業的艱苦歲月，景氣再好，都有辛苦難捱的時刻。你可能是優秀的經營者，但如果你不是世上唯一注定做這門生意的人，我對你就不感興趣。我希望能感受到上帝、宇宙，或者是某種神聖力量，怎麼稱呼都好，此刻將你放在這個地球上，就是為了讓你追求這個夢想，不管你懷抱的是什麼夢想。我希望看到你散發出「勢在必得」的氣勢。

這或許可以稱之為嗜好保險。創業路上會有許多波折、挑戰、危機，有許多時刻都容易作出錯誤抉擇，所以公司需要一個瘋狂到寧可犧牲自己造就事業成功的領導者。每當我聽到「只要你支持我，我們就能一起辦到」，馬上就會害怕地逃之夭夭，如果你不覺得沒有我也能辦得到，你就不是「天選之人」。

我犯過的最大錯誤，是我以為想法比人更重要。我希望看到企業與領導者之間密不可分，就像 RadSwan 的芙芮蒂·哈洛或克莉絲蒂娜·托西。每當我看到投資機會，我都會問：這位創辦人是否對他的事業充滿熱情，足以支持他度過最痛苦的時期？因為這絕對是必要條件。最近有位朋友向我提出一個想法，她說她想

65 Ben Lerer，Thrillist 網站共同創辦人。

建立全國性的電動車充電站，就像更高檔的加油站，裡面有高檔商店和各種商店。這門生意需要大量資金，必須詳細了解場地規劃和區域劃分，而且必須願意投入許多年的光陰。

她說她希望我可以協助落實這個想法，付諸行動。我笑了，想法不算什麼。就因為這個點子可能成功，我就要重新規劃我的人生？就像所有事情，一切都取決於執行力，而且除非我醒著的每分鐘都掛念著充電站，執行才會成功，但我沒有。「如果妳有，」我對她說，「那就放手做吧。」

所以我一察覺到對方擔心他的想法會被剽竊，我馬上認定他們會失敗。除非這個產品是在得到充分保障之前都需要保密的發明，否則沒有什麼好擔心的。成功的生意偷不走，如果你擔心被偷，那表示你沒有任何成果，尚未占有一席之地，也還沒有任何值錢的東西。電影《社群網戰》（*The Social Network*）有一句很棒的台詞，扮演祖克柏的演員轉頭對飾演溫克萊沃斯雙胞胎[66]的人說：「如果你們真是 Facebook 的發明人，你們早就發明 Facebook 了。」執行力最重要，如果你不是世上最能夠執行這個願景的人，那就選擇其他目標吧，因為這就不是你那片天。

也許你還沒準備好當個領導人……

機會來臨時，不是每個人都準備好成為領導人。這本書所傳授的經驗也許能幫助你達成這個目標，至少這是我們的宗旨，但多數人不是天生的完美表演者。我們需要磨練自己，才能達到這個境界。我曾支持過某些公司，儘管我知道那些公司的創辦人尚未準備好，我以為好點子的力量足以彌補創辦人的不足，事實不然。傑出的創辦人可以碾壓平庸的點子，了不起的創意卻會被平庸的創辦人搞垮。我曾經犯過大錯，以為革命性的想法自然會展現自己的價值，但事實並非如此。

但是顛倒過來的情況卻時有所聞，出色的領導人絕對會不斷更新修正，創造出世界級的企業。必要因素是什麼？清楚表達很容易，但如果不覺得自己是領袖，就很難被培養成領導人。你需要恰到好處的自信和謙虛；你必須知道自己做得到，不怕因應時勢隨時改變方向；你要能認錯，並且立刻根據這個資訊採取行動，朝正確方向邁進。就客觀情勢而言，有必要作出決策時，我根據領導人反應的速度快慢，就能預測這位執行長是否會失敗。如果得要在上左舷側看到冰山才轉向避開，那就太遲了，你一定會失敗。

66 Winklevoss，這對雙胞胎兄弟控訴祖克柏剽竊他們的創意，並且得到六千五百萬美元的和解金，如今是比特幣富翁。

需要改變時，恰到好處的自信和謙虛，可以確保你不覺得尷尬。如果領導者不具備這種特質，就像義大利俗語說 il pesce marcisce dalla testa，我的結論是「魚從頭開始腐爛」，我會把注意力轉向新公司，尋找在適當的轉折點追尋夢想的合適人選。一旦找到，我就會毫無保留地支持他們。

我在哈佛商學院授課時，有三個學期都在講述 immi 的故事，這家公司主打健康泡麵，在我寫書之際，這個故事都還沒說完。我請學生幫我決定，是否要開二十五萬美元的支票給 immi，成為該公司第一位外部投資人。學生都很興奮……直到我告訴他們，產品的測試版味道很差，幾乎是一面倒的負評，以致該公司不得不停止行銷，不再販售，因為社群媒體罵得狗血淋頭。當然，聽完之後，沒有人舉手贊成我投資。誰會支持食品公司販售沒人想吃的產品？

然後我請來兩位共同創辦人，凱文·李（Kevin Lee）和凱文·強沙西里梵（Kevin Chanthasiriphan），大家一眼就看出這兩人來到世上就是為了銷售蛋白質拉麵。他們有自知之明，知道哪裡出問題，帶著所有資料和直覺回到測試廚房，推出二點零版本。

課堂結束前，兩位凱文講述亞洲食品尚未加入健康潮流的趨勢，其他地區的高熱量、高脂肪食品卻成功跟上風潮，他們也概述達到目標的計畫。聽完之後，每個人都舉手表示支持，我也是。（那堂課結束後的十五個月，全新改良的immi與全食超市簽約，此後的補貨速度就遠遠趕不上熱賣速度。）成功的人不僅會不斷更新修正，還擁有魔力，能吸引他人加入自己的事業。創辦人的自知之明會傳達給支持者，給他們安全感。當你遇到極富自知之明的人，即使你意識到他們可能走錯路，你也會下意識地認為：「他們會想出辦法。」你直覺相信這樣的人，相信就算船隻擱淺，他們也會修正航向。

自知之明的反面是什麼？也許是無知，也許是妄想。我絕對不敢投資的最大恐懼因素，就是覺得對方有所隱瞞，或是不明白紙包不住火，到頭來問題都會被揭穿，所以你需要走在問題前面，在它們擊敗你之前先找到它們。

寇特．柯羅寧談及「沒說出口的話」，談到我們需要把所有事情攤到檯面上，無論有多麼難以啟齒，無論我們覺得有多不舒服。他告訴我，「我在海豹部隊最棘手的對話，就是我決定大聲說出事情出錯的可能原因時，這時我們不能再相信自己的假設，必須開誠布公。」

「人們害怕進行難以啟齒的對談，」寇特解釋，「因為我們會想像最壞的結果。但我們沒有考慮到不進行這些交流的代價，也沒考慮到猜測他人的想法和感受，而不是實際了解真相有多麼沒有效率。」

我看到糟糕的領導者隨時都避免交流。他們想敷衍了事，以為我不會看到他們公司的問題，而不是和我一起解決問題。我小時候在麥當勞打工，那是我頭一次發現，人們常常寧可隱瞞各種事情。沒人注意時，人們會胡作非為（桌子底下有那麼多口香糖），然後讓別人收拾爛攤子。我在那個骯髒的派對區看到，任何事情（或公司）都能看起來光鮮亮麗，但表象之下才是真相。

在最好的情況下，領導人會與你並肩作戰，積極尋找缺點。優秀的領導者對自己或事業都充滿好奇心。我告訴大家，不要找麻煩，要找到可以改進的地方。

如果有機會修補漏洞，或讓精明的投資人看到自己，或想辦法改善自己的事業，傑出領導者都會很興奮。

如果我覺得某人隱瞞事實，或沒有開誠布公，就算我發現他們隱瞞了什麼也不重要了，因為我已經知道我該知道的事情。如果有人因為那些事情被發現而覺得受到威脅，或是心不在焉、有所隱諱、沒準備好吃苦耐勞，我就無法與這個人合作。我要看到直言不諱的態度，不知道就老實承認，因為沒有人無所不知，投資人也了解這一點。我不希望對方只是試圖安撫我，這樣我就知道你只是盡你所能談成交易，不關心你和投資方是不是天作之合。

我決定是否投資之前，會確認自己對人的直覺是否正確，我很驚訝很多人竟然沒這麼做。私募基金常犯的錯誤是花大錢，費心請專家研究該公司的財務狀況，卻不花錢請心理學家深入了解創辦人。我在噴射機隊晉升為高階主管時，他們要求我接受公司心理學家一整天的盤查，包括面試和紙筆測試，探究我的心智狀況，了解我的領導風格、缺點，以及我對世界的錯誤認知。起初我非常反感，後來才知道別人也有同感。為什麼升職前要見心理學家？我不是已經證明自己的價值了嗎？我主要是害怕這些測驗會驗證我腦中的聲音，證明我果然配不上這份工作。

結果這件事改變我的人生。

讓我更了解自己，受試結束之後，我知道這個工具可以區分出贏家和輸家。現在，簽下重大交易之前，我都會請出我最欣賞的企業心理學家蘿拉．芬弗博士，並且以此當成開支票的條件。做重大交易時，我盡量希望她能出馬。經驗豐富的專業人士花三小時探究某人心靈的黑暗角落，測試結果就會成為白紙黑字。順道說一句，抗拒做測試的人往往表現最差，因為他們無法認清別人的反饋是真正的禮物。

當我回顧心理評估報告，或是決定忽略那兩、三句隱藏真相的關鍵句子，就是我職業生涯中的最大失誤。三十多次分析指出，真相始終擺在眼前。因此，作為這一章的終結，我決定與卓越領導力諮詢公司的負責人芬弗博士談談她在工作中最常見到的模式，以及她評估領導人時尋找的特徵。以下是芬弗博士常看到的五種模式，這些模式導致領導人偏離正確方向，無論公司是大是小。

- **過度依賴智力：**智力絕對是成功的先決條件，夠聰明才有能力解決問題、戰略性地思考，為公司打造真正的願景。但是除了智力之外，還需要情商，要有辦法與他人合作，或是獨自作業。你必須要有意願調整、改變。你必須能夠接受反饋，而且要成為優秀的領導者，你也必須能夠提供意見。
- **過分服從權威：**當然，無論你扮演什麼角色，總是希望聆聽所有利害關係人的意見，也絕對不希望與人互動時，恃強欺弱。但你確實需要有堅持自己信念的自信。才幹出眾的人會說出自己的想法，而且不怕引起些許衝突。「我有時很震驚，」芬弗博士告訴我，「有些人太害怕與人唱反調。」她提醒，你必須知道你和誰打交道，如果有人（老闆、投資人、合夥人）不能容忍不同的意見，始終附和他們也無法解決這個問題。
- **不了解職場政治：**「缺乏政治敏感度會阻撓你在公司晉升，」芬弗博士表示，「你需要包裝言論，選擇合適時機。你需要察覺到人際關係的微妙，知道如何與組織中的每個人打交道，因為每個人的反應都不一樣。」換句話說，你需要思考哪些做法可以激勵特定的人，哪些方法又會招致反感。
- **不承認別人的功勞：**芬弗博士進行評估時，會仔細留意對方措辭。她發現有些人談到工作上的成就時，會用「我」而不是「我們」。她說：「通常不可能只是他們一人的功勞，這就反映他們對身邊的人的重視程度。」

- **迴避問題**：芬弗博士也注意到，有人試圖迴避問題或只想快速完成自己的目的，而不是用心聽她提問，並且認真回答。「他們不想示弱，否則就是有所隱瞞。」這又回到先前討論過的致命缺陷：不誠實、不真誠。不要浪費時間耍花招，別人都會看出來，最後你還會自食惡果。

幸好這些瑕疵都可以改善。主要是認清自己的弱點，願意成長、改進。當你做到這一點，打破這些模式，最後就能到達彼岸。你破釜沉舟，繼續向夢想邁進。

然後呢？人生不只有一段旅程。

我們都明白，完成一件事，達到目標，多麼讓人有成就感。有時我們會忘記剛開始有多開心、期待、興奮和渴望。當你鎖定新目標，當你迫切**需要**，覺得自己可以改變宇宙時，請盡情享受這些時刻。

當你抵達終點，還沒喘口氣之前，就應該往前看。享受勝利的同時不要忘記問自己，也就是這個問題能讓人生更有朝氣，「下一步要做什麼？」

PART

3

打造更多的船

CHAPTER 7
鞏固你的成果

CHAPTER 8
欣賞他人的傑出

CHAPTER 9
展現最大膽的夢想

CHAPTER

7 鞏固你的成果

每當我想到「更上一層樓」，我就會想到馬克．洛爾，他曾數度創業又轉手賣掉。一九九九年，馬克創立收藏品線上交易平台 The Pit，兩年後以五百七十萬美元賣給球員卡巨頭 Topps。接著二〇〇五年，Diapers.com 聲勢浩大地加入 Amazon，然後是 Jet，這個購物網站旨在與 Amazon 競爭，年費低於 Amazon Prime，而且定價演算法更優越，最後被 Walmart 以更高價格收購。

洛爾於二〇二一年一月離開 Walmart，宣布計畫打造「未來城市」，「他認為上班族的通勤時間都不該超過十五分鐘，」吉姆．索翰（Jim Souhan）在《明星論壇報》（*Star Tribune*）上寫道，「所有垃圾都應存放在地下。所有車輛都該是自動駕駛……（洛爾的目標是）打造一座融合紐約、斯德哥爾摩與東京精髓的城市。」但他的野心遠大於城市本身。馬克告訴《財星》：「我想創造新的社會模式，以公平的方式創造財富。」他稱這種新的經濟模式為「平等主義」（Equitism），

「將市民和人民幫忙創造的財富回饋給他們。」在二〇三〇年之前，他計畫將五萬個尋找新生活的多元化市民，遷到美國人煙稀少、地價便宜的地方，打造這座新城市「Telosa」（希臘文「最崇高目標」之意）。

除此以外，馬克最近還創辦 Wonder（我也有投資），這家公司將精緻餐點直接送到民眾家中，車上設有廚房，廚師會在顧客家門口完成米其林品質的餐點和擺盤。該公司提供隨選居家用餐服務，許多頂尖主廚已經簽約，同意讓 Wonder 重現他們的菜單並提供餐點，這些人包括巴比·福雷（Bobby Flay）、馬可斯·山謬森（Marcus Samuelsson）、南茜·西爾弗頓（Nancy Silverton）和強納生·瓦斯曼（Jonathan Waxman）[67]。福雷告訴《紐約郵報》：「他們想出辦法，研究出如何完美模仿我的做法。」Wonder 剛以四十億美元的估值融資四億美元。

彷彿這些成績還不夠輝煌，馬克剛和我在《創智贏家》的評審同事艾力克斯·羅德里奎茲，成為明尼蘇達灰狼隊（Timberwolves）和女子職籃明尼蘇達山貓隊（Lynx）的共同擁有人。

馬克的過人之處在於他的行動力。他開創，開創，再開創。他在 Diapers.com

67 皆為美國知名廚師。

所學到的經驗有助於他建立Jet嗎？當然。他在Jet的經驗會影響下一步的發展嗎？毫無疑問。但他汲取教訓，鞏固成果，展開下一個旅程。走到旅程盡頭時，你會怎麼做？焚舟再戰。

想擁有這種不斷成長的心態，以下有四個原則可以引導你。

利用目前擁有的每項優勢

我勸美式足球運動員，要他們為退役後的職業生涯做準備。他們有很多人都擁有夢想，例如投資房地產、拍電影、成為ESPN評論員、增加現有的財富；但他們只想在高掛球衣之後才考慮。我告訴他們，他們錯過運用自己最大優勢的機會：影響力。大家喜歡吹噓自己和NFL球員合夥做生意，但他們必須是**現役的球員**。一旦他們退役，號召力（鼓吹人們行動的能力）就會驟降。他們不再那麼有意思，對世界的影響力也不高。這個說法是否太過苛刻？那當然。但我的工作就是給他們嗅鹽（暈厥後恢復意識的化合物），讓他們趕快清醒，免得為時已晚。

這些球員該如何利用他們目前的地位？要先想清楚，他們希望退役後過什麼樣的生活？現在就開始安排。這些球員接到很多電話，希望他們投資某家公司或投入某個機會，我會要他們別理會這些電話，應該自己去打電話。釐清**他們**想做什麼？幾乎沒有人不回電，也幾乎沒有任何事情無法實現。

我知道有些足球明星遵從我的建議，聯絡巴菲特這類知名人物，請他們指導自己，協助籌策未來。億萬富翁會接電話嗎？當然不會。但是球星有地位，他們可以利用這個優勢。以拜倫．瓊斯（Byron Jones）為例，他是二〇一五年的首輪選秀球員，在二〇二〇年與海豚隊簽約，成為當時NFL薪資最高的角衛，五年拿到八千二百萬美元，保證收入超過五千萬美元。拜倫的生活哲學是為未來做準備，制定計畫，不僅為現在做好準備，也要為未來做好準備。他知道自己無法當一輩子的足球明星，這只是第一步。「我一直都知道自己會加入NFL，」他告訴我，「但我在大學裡做了兩次實習，一次在州首府，一次在國會，都是為了退役後的生活做準備。」

拜倫在多數球員還沒想到時，就開始為未來做打算。事實上，他簽約不久後就打給我，向我請教如何投資，他想知道如何將五千萬美元的保證收入增加為一億美元，甚至更多。他告訴我，簽約前，他每個月的生活費是一萬美元，簽約後幫自己加到一萬三千美元。乍看之下好像很奢侈，我後來知道紐約市有些千禧世代的生活費遠超過這個數目，他們還不是擁有八位數保證合約的ＮＦＬ球星。他告訴我：「選秀之後的前四年，我都用同樣的預算過日子。」

即使是進入ＮＦＬ，也是經過拜倫精心計畫。入選之前，他特別注意ＮＦＬ聯合訓練營評估的技能，聯盟會在訓練營測試頂尖的大學球員。「事實上，在訓練營之前的幾個月，我一直在進行肩膀復健，所以我無法鍛鍊。但這不表示我不能在其他方面做好準備。我注意營養、體重管理和觀看影片。我想知道訓練營是什麼模樣，他們會評估我們的哪些方面，我們又會做哪些動作。」

聯合訓練營有個項目是立定跳遠。拜倫向來擅長跳躍，八歲就參加過全國田徑比賽，他決定，如果他能把全副精神都放在立定跳遠，就能在這一個項目中出類拔萃，從眾多選手中脫穎而出。他回憶說：「那是為期三天的高強度訓練營，也是我一生中最興奮的時刻。有X光、核磁共振，最後是田徑賽。訓練時，我一直跳出三百四十三公分或三百四十五公分。結果第一跳是三百五十公分，第二跳是三百七十三公分。我從來沒想過可以跳出三百六十六公分，但我努力裝得很鎮定，彷彿一切都稀鬆平常。」

拜倫也許試著讓自己看起來雲淡風輕，但那一跳比任何NFL球員都要遠二十公分。事實上，這一跳比立定跳遠正式紀錄更遠，他目前仍保持非官方的世界紀錄。

他如何將五千萬美元變成一億呢？他問我時，我提出計畫。我說，你現在就擁有獨一無二的資產，那個跳遠紀錄可以讓他成為明星。想像一下，他可以在TikTok發起活動，跳過一連串瘋狂的事物，例如躺在地上的八位TikTok明星、兩座摩天大樓之間的空隙、幾百個克莉絲蒂娜．托西的餅乾（我總是想辦法為我的公司爭取新聞曝光）。他可以好好利用社群媒體，建立死忠粉絲，成為社群網紅。

拜倫打斷我，「我不想搞任何社群媒體，」他說，「我想當個專業的投資人。」隨著拜倫在美式足球界的名氣越來越大，他有時間想清楚自己的未來，但是我告訴他，在現今的世界，界限已經模糊。如果人們知道你是誰，願意與你合作，你就是更好的「專業」投資人，能夠得到最好的投資機會。拜倫的優勢在於，他所在的平台可以讓他成為受人矚目的知名人物，可以代表他所支持的公司，發揮自己的影響力。這一點極有價值。也許他的跳遠成績或是其他因素會是契機，我知道拜倫正在思考，他會對自己的未來作出明智選擇。他的人生會非常成功，不會僅限於美式足球界。

足球明星的優勢顯而易見，但這並不表示這個道理就不適用於其他人。我們也許不是足球明星，但他們絕對沒有**你**的獨特優勢。事實上，每個人都有可以運用的優勢，可能是某種特質、情況、背景，可以帶他們直奔夢想。在麥當勞打工時，我的優勢，就是我願意成為最優秀的刮口香糖員工，還能面帶笑容工作。我告訴剛被裁員的人：你的優勢是你現在不受限於固定條件，你自由了。困在某個體制之內時，你很難用清晰的眼光看待這個世界。如今所有選項都攤在眼前，你可以重新開始，真正想清楚接下來該做什麼。**你**有哪些可運用的資產？

想想看：

- **你在哪些方面做得比別人好？**拜倫．瓊斯會跳遠，克莉絲蒂娜．托西會烘焙。你呢？

- **哪些人事物只有你接觸過？**你可能不認為自己有答案（尤其是你若不認識任何億萬富翁），但我們所做的每一件事，都讓我們有機會接觸到其他人很少看到的特殊領域。我幫忙建造九一一紀念碑時，因為對於分區問題和土地使用有深刻見解，足球隊想蓋新球場時，我就是最佳人選。每個人都能看出其中的關聯嗎？不能，但我所擁有的知識造就我的獨一無二。你自知有獨到見解時，往更廣泛的領域尋找機會，不要因為缺乏專業領域的知識而裹足不前。
- **過去或現在的生活如何讓你對世界有獨到的看法？**就因為母親成年時做過，我才會想到退學、取得同等學力證明，直接上大學。如果在不同的背景下看到這種模式，我大概不會想到這種方法。

其實一切都取決於觀念和心態。我可以把辛苦的童年當成一生的阻礙，也可以想成，就是這段歲月讓我看清人們所經歷的困境，可以同理克服困難的人，了解人們處於低潮時最需要什麼。我可以利用這些知識幫忙打造品牌，改變那些最需要幫助的人的生活。這不是我唯一可利用的優勢，但絕對是其中之一，而你，也有很多專屬於你的籌碼。

同樣的原則也適用於企業：找到公司可運用的優勢，然後加以推廣。雖然我不喜歡甜食，但RSE因為我投資「牛奶吧」的這幾年，得到寶貴經驗，懂得如何擴展烘焙品牌。我們聽說木蘭烘焙坊（Magnolia Bakery）要出售時，我們知道可以利用「牛奶吧」的經驗，讓這家備受愛戴的糕餅店恢復應有的榮光。木蘭烘焙坊曾是《慾望城市》（*Sex and the City*）時代的流行文化寵兒，主人翁凱莉·布雷蕭（Carrie Bradshaw）也會在西村（West Village）長椅上縱情享受這家店的杯子蛋糕。只要是週六早晨，走在布利克街就會看到來自各國的遊客繞著這個街廓排隊，只為了買香蕉布丁，眾人對木蘭烘焙坊的熱情已持續二十多年。

我和團隊在疫情時期收購木蘭烘焙坊。我們知道我們在「牛奶吧」的經驗，也就是將烘焙糕餅做成全國都能享用的消費性包裝商品，正是扭轉頹勢所需的優勢。

二十年來，因為資源不足，這個品牌一直無所作為，現在我們終於有能力讓它得到應有的發展。最後我們聘請一位行銷長，建立自己的基礎設施，將香蕉布丁賣到全國各地，電子商務的銷售額從九十萬美元提高到一千萬美元。接下來呢？我們在全國各地商店鋪售。優勢何在？知名度。戰術很簡單，因為我們已經拿到教戰手冊，就是透過各種管道將產品送到人們手中，又能保留吸引遊客到紐約市西村大排長龍的特殊體驗，現在史蒂芬．羅斯的哈德遜鐵路園區也開了一家。

大躍進，而非漸進式進步

我們所做的每件事都有機會成本。很多人認為他們需要付出努力，才能贏得前進下一步的機會，需要付出代價，需要等待世界認可他們的潛力，把他們從當下的角色中拉出來，才能實現夢想未來，但我保證，這種未來永遠不會到來。

看到朋友一次又一次等待升職，自以為攀上通往顛峰的階梯，結果某天公司從外面找人空降，我不禁搖頭。忠心耿耿的員工不再是老闆的寵兒，當職涯的軌跡停滯不前，他們只能坐困愁城。我兩度離開市長辦公室，而不是等他們決定我值不值得升職。因為離開，我加快自己的發展速度，因為我不再受制於他們的階級制度，可以用更高的層級回舊單位。

放棄循序漸進的道路聽起來有悖直覺，尤其是當我們感到害怕的時候。我們想像自己應該慢慢來，一次改變一點，最後就會得到頗具規模的進步。但這只會延長我們的時間，讓我們有更多機會走回頭路。

傑西·德瑞斯和我經常辯論這一點。他提議在我們融資大筆資金之前先融資小資金，為什麼？他募資一千萬美元的過程中能學到什麼技能？而這些技能卻妨礙他融資一億？我與人們進行過最有影響力的對話，就是消弭他們的誤解，說明他們自以為必要的事物其實根本不需要。**除非我有十年的經驗，否則沒人會認真看待我這個創辦人。如果我沒有在同一個產業負責過三個小專案，沒有人會聘請我負責大專案。除非我自己有錢，否則沒有人會給我錢。**我在這裡直截了當告訴你，這些都是謊言，而且還會扯你的後腿。你可以直奔目標，就像我直接上大學。誰需要讀完高中？

我不否認，如果你需要培養新技能，經驗很重要。我們不可能直接跳到職業生涯的頂點。但我相信我們每個人都有與生俱來的直覺，知道我們是否真的需要經驗才能成長，或者是否已經做好準備，就等世界給我們機會。小孩子才排隊；身為成人，你需要把握機會。我們身邊動機最不純的人，往往告訴我們要有耐心，例如嫉妒的配偶、沒有安全感的老闆、我們似乎離不開的亦敵亦友。我們需要合理懷疑這些忠告，因為風險太大。要你耐心等候的錯誤建議，可能會拖慢你的成長軌跡。你知道自己準備好，就是準備好了，不應該聽信其他人勸你慢慢來。

亞歷山大．哈斯崔（Alexander Harstrick）很了不起，是前國防部軍事情報官、曾在伊拉克服役，現在正在哈佛攻讀企管碩士。他有個夢想，就是在國防產業創立自己的投資基金，他有足夠的知識，但他自認沒有足夠的經驗。

亞歷擁有無懈可擊的論點，以軍事創新為中心，利用他的人脈和經驗創造驚人的交易量。這本來應該很容易，但是坐在我辦公室裡的他卻很緊張。亞歷對傳統觀念深信不疑，覺得自己別無選擇，只能接受紐約私募股權公司提供的普通職位，然後「為了成功，付出辛苦代價」。只不過，我質疑了他的漸進式思維。

「但是誰會支持我？」他問。「誰會開支票給剛畢業的我？」

「沒有人，」我說，「但你總會等到。」

我有幾個月沒有他的音訊。一天下午，他打來問我的地址。他想寄贈品給我，是一頂帽子和一支筆。「哪裡來的贈品？」我問。

「喔，」他回答。「離開你的辦公室之後，我成立了一個基金，是基金的贈品。」

我原以為亞歷會在紐約市那家大型私募基金公司安頓下來。原來我們談話隔天，他就拒絕了那份工作。他開始四處奔走，為新基金尋找主要投資人。**他的基金，J2Ventures。**

「我記不得被拒絕多少次後，終於找到一個，」他告訴我，「而且還融資到一千萬美元，現在我正在籌募五千萬美元。」

我也是他的投資人，而且引以為傲。

「開創新事業最讓我驚訝的是，」亞歷繼續說，「原來這件事並不可怕。我不是說這件事很簡單，絕對不是，但我做的工作和團隊建立的業務所帶來的價值，與我們的實際付出成正比。自從創業以來，唯一可怕的念頭就是我有一天得回去為別人工作。」

採用大躍進思維的簡單決定，改變亞歷的人生軌跡。我們總以為人生的演進就像沉積岩的繽紛岩層，由每個成就接連堆疊而成。我們以為成功有既定順序，必須先有賣檸檬水的攤子，才能建立全球性的檸檬水事業；必須先籌得一萬美元，才能籌募一千萬美元；必須先有執行長的經驗，才能成為領導者。觀察這個世界的運作方式，就會知道以上皆非。循序漸進的概念只是人類試圖把秩序強加於混亂的生活之上，把成功簡化成某種可辨識的公式。**付出努力，你就能向上爬**。在現實生活中，拒絕從眾，不走常規路線的人往往得到最大的好處。

我們總是堅持緩慢而深思熟慮的循序漸進思維，其實不見得有此必要。跳過不需要的步驟，大跨步跳到最高的一階，下一次跳躍就能更上一層樓。

你決定需要踏出一小步而非一大步之前，請先問問自己：什麼原因讓你認為這是必要的順序？你是否真的認為，這些循序漸進的步驟能帶給你成功所需的技能？或是只是你試圖滿足假想的外部受眾[68]，無謂地拖延必然的結果？

68 external audience，指的是企業、組織或個體的外部群體，他們並不是內部成員（如員工或管理層），但是會受到該企業或組織的影響，或是對其有某種關注。

就是因為企業晉升制度循序漸進，我才勸人們盡可能擺脫這個制度。傳統的商業模式試圖以規模化的方式組織員工，將他們分組，讓他們緩慢向上移動。律師事務所或顧問公司等組織就有這種陷阱，許多同事的條件都與你相似，你幾乎無法脫穎而出，比同儕更快晉升到高層。

對公司有利，卻會讓你生無可戀。

對志向更遠大的人而言，這只是浪費時間。企圖讓你原地踏步或限制成長的事物，你都應該要抵制。我告訴大家，如果當你知道自己應該得到更多，卻看不到達到目標的路徑，就不要害怕辭掉工作，到另一家公司，反而會升得更快。當你轉到新組織，你會獲得新生，得到嶄新的開始。當然，如果你喜歡現在的工作，你可以繼續留任，但前提是你必須熱愛這份工作。你不一定要離開，但你要記住，只要成長受到限制，你可以，也應該離開。永遠不要指望一份工作滿足所有的職業抱負。如果你雄心勃勃，這個想法就不現實，因為你的成長速度肯定超過公司所能提供的環境。

我提出這一點之後，也懷疑自己是否說得太輕鬆。我知道，要偏離典型的道路很困難。考量到各種因素，無論是不是我們所能控制，都讓這件事難上加難。我開始納悶，如果我背負社會上多數人被迫肩負的重擔，我還能不能在職涯上大躍進？

二〇二二年一月，那是我在哈佛商學院課程的最後一天，我和優秀的學生崔西．湯普森（Tracey Thompson）直言不諱地討論種族的問題，這場對話的重要性不亞於課程教導的任何內容。我是白人男性企業家，展現出來的形象是措辭粗俗、態度隨興；而崔西是黑人女性，母親從牙買加移民到紐約，她修完我這學期的課程之後，向我吐露，她永遠無法以同樣的方式出現在別人面前。

「為什麼不能？」我問。

她的回答是，理由不只是她擔心別人不尊重這種說話態度的黑人女性。她還擔心，她無論走到哪裡，都代表她的種族和性別，她有責任表現優異，才能代表她們，否則其他追隨她腳步的後輩也會遭到批評。就她而言，沒有犯錯的餘裕。

坦白說，我這一生都有幸能夠避開這種責任和重擔。我從未擔心自己還要代表別人，也知道因為我的性別和族裔，我得到更多的寬容。

在這些問題方面，我寧可相信社會正朝著正確的方向前進，但我也意識到人們擁有我沒有的負擔，而世界對他們的看法以及他們所承擔的義務，會影響他們作出大膽決定的能力。所以崔西的抱負——加入創投，打破制度化種族歧視的藩籬，支持多元創辦人和多樣化的企業——才更鼓舞人心。

「甚至不只是投資黑人的公司，」崔西解釋，「我想讓更多有色人種加入董事會和股權結構表，即使公司不是由少數族裔所擁有。我想支持擁有多樣化供應鏈和僱用多樣化人才的公司。我想培育更多有色人種的創投人才，並打造更公平、財務狀況更好的新一代公司。我希望證明有色人種也能經營出色的企業，而且多樣化和成功可以並行不悖。」

唯有我們意識到每個人都有不同的阻礙，而且社會對待某些人並不公平，才能做到這一點。如果每個人都想充分掌握自己的人生和命運，那麼終極目標就是為每個人創造公平的競爭環境，我們無法控制的因素才不會扭曲我們的努力成果。

每次旅程都比前一次容易

辭掉工作，或離開穩定卻沒有進步空間的職位，尤其是要獨自闖蕩，第一次做起來是難免害怕的。在你的腦海中，沒有任何經驗可以向你保證自己辦得到，一切都會安然度過。第二次就容易多了。第三次，比第二次簡單。當你成為破釜沉舟的高手時，甚至想都不必想。關於適應性的研究證實這個顯而易見的論點，那就是做過的事情會更容易。已經有冒險經驗之後，冒險將會變得更簡單。

但是適應性也會傷害我們。我擔心，即使適應性使我的生活更有效率，但效率的代價是損失創造力，而創造力可以培養洞察力，才能持續成長、邁向成功。適應性可以成為絕佳工具，但要小心不要變成機器人。

研究指出，當我們適應工作場所的干擾，例如背景的電話聲、同事身上濃烈的香水味，最後會變得越來越不留意。但同樣的研究也表明，我們會不再察覺體制如何壓制我們，不再注意組織的結構如何限制我們。一九七四年，哈里・布雷弗曼（Harry Braverman）撰寫了關於工作場所心理學的開創性著作。在《勞動與壟斷資本》（*Labor and Monopoly Capital*）中，他用整整一章的篇幅討論「工人適應資本主義生產模式」。他的觀點是：組織的階級制是在訓練我們接受可怕的工作條件。我們不能讓自己習慣於無聊、單調，習慣自己的企業家精神遭到打壓。（如果傑西·德瑞斯沒跨出那一步，創辦自己的公司，就會陷入這個困境。）

我第一次在哈佛授課時，耗盡了全副精神。第二次授課，就輕鬆多了。我們做過越多次，效率就越高，因此可以同時一心多用。另一方面，當工作變成反射動作時，挑戰就在於如何拿出最佳表現。

巨石強森（Dwayne Johnson）對洛杉磯湖人隊（Lakers）演講時，就以這個主題發表精采演說，「要讓自己處於絕境……打出生氣。」我最大的挑戰就是開始感到太自負時，如何喚醒內心鞭策我前進的拚命三郎。我的思路向來活躍，常常必須抵抗誘惑，在一件事還沒有進入穩定、自我延續的狀態之前，不要開始做下一件事。我忘了重點不是不斷前進，而是每次事業能達到什麼高度。

套句我的搭檔史蒂芬·羅斯的直白說法：**不要當蚱蜢**。他說：「如果你有個很棒的點子，就堅持下去，不是只支持別人的好點子。你必須確保你的想法已經貫徹執行，確定找到合適團隊，才進行下一個工作。」如果離開得太早，你就無法收穫洞察力和工作帶給你的回報。你會在發財之前退出，沒等到世界成熟到足以看出你的成果。你覺得你需要追逐快感，再度找到壓力，但你卻錯過真正獲利的機會。到頭來，辛苦的工作只會讓你疲憊不堪，你會留下一連串半途而廢的計畫，自尊心也受到打擊。

即使你覺得壓力已經消失，為了保持最佳狀態，你的動機系統也要換檔，從第四章的「充分利用焦慮」，調整到「追求卓越」。你全力以赴，不只為了度過難關，而是為了追逐潛能不斷提高的極限。

今天能做到哪些昨天辦不到的事？

每當我有新成就，就會立即尋思這些成就會成為哪些事情的墊腳石，只是下一步在事前往往不明顯。當我開始投資公司，突然有了經驗，可以上《創智贏家》；一旦我得到《創智贏家》的認可，就能去哈佛商學院授課；一旦我在哈佛商學院任教，接著就能寫書。你今天能做到哪些昨天辦不到的事，讓你更接近明天想做的事？只要還活著，明天總有你想做的事。你取得的每一件新成就，都會讓你處於更有利的位置，幫助你到達下一個里程碑。

發揮想像力，解放你的心情和想法：如果沒有任何限制，你可以做任何事情，你，想做什麼？

傑西．帕爾默（Jesse Palmer）曾是ＮＦＬ的替補四分衛，但他看到自己在美式足球之外的潛能。「我有幸在紐約媒體市場被選中，才看到各種可能性和機會。」傑西告訴我。

早在二〇〇四年，傑西就成為第一位參加電視節目《鑽石求千金》（*The Bachelor*）的職業運動員，而觀眾也發現他的與眾不同之處。此後，傑西在電視界持續走紅，因為熱愛美食，在《美食台》（*Food Network*）擔任烘焙比賽主持人，在《早安美國》（*Good Morning America*）擔任兩年記者，還主持了自己的節目《每日郵報電視新聞》（*DailyMailTV*）。「我不太擅長拒絕，」他現在回想。「剛開始我對很多事情都點頭答應，讓自己有機會判斷是否喜歡。我從來沒想過會進入食品界，前ＮＦＬ球員竟然來討論杯子蛋糕和糕點。」

其實傑西並未被迫放棄後備四分衛的生涯，他仍舊保有機會。但他看到自己在媒體方面的潛力，決定跳槽。他說：「要離開絕對不容易，雖然我很高興有機會在電視上談論我的嗜好，但職業足球所帶來的激情和亢奮心情很難取代……可是我有機會上電視，這樣的機會又不多，所以我決定乘風破浪。」

現在傑西仍然繼續乘風破浪。他是《鑽石求千金》和《千金求鑽石》（*The Bachelorette*）的主持人，再也不是任何人的替補。

想像最遠大的志向，然後踏出第一步。打個電話、弄個網站、製作產品原型、寫書、演講、應徵工作、約會暗戀對象，什麼都好——集中你的精神、勇氣，以及引領你走到今天這一步的一切一切，開始行動吧。

你也許認為名人比我們更容易做到，以為他們開拓新事業就會一帆風順，好比我的朋友史嘉蕾．喬韓森（Scarlett Johansson）這種著名的女演員，不過你錯了。多年來，她一直想創業，但因為戲約不斷，她始終沒有時間和精神實現夢想。

就像許多創業者，史嘉蕾之所以創立護膚品牌 The Outset，源於她自己的切膚之痛。多數人不知道，史嘉蕾成年後一直為暗瘡和「問題肌膚」所苦。她在每天清潔、護膚和保濕的簡單一致慣例中找到解決方法。市場鼓吹新潮但強烈的成分和複雜的配方，但史嘉蕾相信好的肌膚來自基礎護理，也知道人們可以從同樣簡單和滋養的方式中獲益。

「身為演員，」她告訴我，「我從八歲開始就有皮膚問題。我試過各種產品，與最知名的美容專家合作。隨著年紀漸長，我對使用的產品和它們所代表的美容理想期望也越來越高。我看到市場缺乏簡潔有效、簡化和提升日常護膚效率的產品。最重要的是，我覺得我終於有信心分享我的觀點。」

顯然這是個機會，而且合情合理。對史嘉蕾來說，最大的一步就是接受自己無法獨力完成這項創業。就像許多人，無法全心投入一門事業，所以她需要找到一個與她有同樣熱情，並且能將她的想法付諸實現的人。

傑西．德瑞斯和我與史嘉蕾一起招募凱特．佛斯特（Kate Foster），她是創業家，創辦的第一家公司就被大型媒體公司收購，她曾在 Victoria's Secret、Ann Taylor 和 Juicy Couture 等頂尖品牌擔任美容和時尚主管，擁有豐富的成功經驗。

這對聰明又認真的雙人組融資數百萬美元，實現願景，打造日常護膚品系列，該系列就像是護膚界的「完美白T恤」。

The Outset就此誕生，在我寫這本書時，他們剛推出官網，並且在美國每一家絲芙蘭（Sephora）[69]鋪售。我很榮幸能一路為她們提供建議。史嘉蕾的創業之路與我不同，當然也與多數人大相逕庭，但想法卻毫無二致。

- **如何實現你的夢想？**
- **從現在的位置到你想去的地方，你需要哪些要素？**
- **如何鞏固之前的成果，讓你下一次的目標得到最大成功機會？**

當然，就像史嘉蕾與凱特的合夥關係，我們鮮少會獨自往前跳。

69　一九七〇年在法國巴黎成立，主營連鎖化妝品店鋪。

CHAPTER

8 欣賞他人的傑出

我認識蓋瑞．范納洽是在二〇〇九年，當時我還在噴射機隊工作。當時蓋瑞是紐澤西州郊區的葡萄酒企業家，或者說得更精準，他是 YouTube 上的葡萄酒評論家，擁有越來越多的觀眾，是這個新興平台的明星，想在網路上擴大家族的葡萄酒業務。蓋瑞是噴射機隊的狂熱粉絲，我和他見面，是為了在這位發跡新秀身上撈點油水，為球隊賺錢，賣一間球場包廂給他。

我不認識蓋瑞，我在紐澤西州春田市貝果店準備與他共進午餐時，以為我們會開心聊聊彼此最愛的紅、白酒，也許還能增進葡萄酒業界的知識。結果我大錯特錯。我們坐下來之後，我才發現葡萄酒可能是蓋瑞的事業，卻不是他的天命。這只是他進入網際網路的窗口，他眼中的網路世界發展在當時聽起來很瘋狂，最後卻證明完全正確。

我們初次見面的頭十分鐘，他就告訴我祖克柏和傑克．多爾西[70]即將在世上掀起的大變革、預測世界的發展方向，談到識別模式和未來幾年的情況。他堅稱，Twitter讓我們看到人人都有能力成為內容創作者，這會讓各大企業措手不及，因為每個人都能建立一對一的聯繫，而且動作之快速，組織、機構都辦不到。

他提出自己的想法，希望成立公司，將各大公司帶入社群媒體的新世界，在對手尚未意識到有個系統之前，就告訴客戶如何擊敗這個系統……一切都變得清晰明白。蓋瑞自信囂張，談話間不時夾帶髒話，很容易被人看輕。事實上，蓋瑞大放厥詞時，多數「嚴肅」的人都是這樣：不屑一顧。其實，他們應該仔細聆聽。

我知道，如果我們為蓋瑞提供合適資源，他可以改變噴射機隊和球迷的互動方式。後來他沒買包廂，但我們達成協議，讓噴射機隊成為他尚未成立的「范納媒體」（VaynerMedia）的第一個客戶，用四張五十碼線[71]的噴射機隊門票（他至今仍擁有這些門票）交換，請他實現我們的社群媒體願景。

此後，蓋瑞和我合作至今。當我轉到RSE時，史蒂芬·羅斯也看到蓋瑞的天賦，知道當我們建立業務組合時，他能發揮與眾不同的效用。我們成為他

70 Jack Dorsey，美國科技創業者，Twitter聯合創辦人，Square創辦人兼執行長。

71 球場上每五碼距離標劃一條分碼線（yard lines），每十碼距離標示數字直到五十碼線，或稱為中場區。

唯一的合作夥伴，收購他公司許多股份。現在「范納媒體」的年營收已經達到二十五億美元，客戶包括 TikTok、Unilever 和 PepsiCo，辦事處遍布全球，獲獎無數。這家東拼西湊的廣告公司，一開始只要有錢賺，他們就幫忙管理 Twitter 帳戶，現在則為《財星》百大企業製作超級盃廣告。蓋瑞寫了五本暢銷書，我一路見證他的發展。當年我在紐澤西貝果店聽他大聲嚷嚷，他還是沒有改變，只是現在開口，就有兩千萬人聽到。

我看到，其他人也應該看到；只要忽略「滿口髒話的葡萄酒推銷員竟然比任何人更了解網路世界」這件事有多不可思議，然後縱身一躍，全力支持他就好。

最近有個朋友問我，過去十年來的職涯成功關鍵。他告訴我：「你又沒發明偉大的產品或創建了不起的公司。」他說得對。但我做了非常重要的轉變，以前我相信只要自己知道全部的答案，就能達到顛峰，後來我意識到，要取得最高層次和最大規模的成功，關鍵就是找到各方面都比你強，而且強到超出必要程度的人，並且欣賞他們難以置信的才華。

每天常保謙遜可以帶來啟發。我們很容易對自己感到厭倦，沉浸在別人的榮耀中，欣賞身邊各種優秀人才的光與熱，則有趣多了。這是我生命中最棒的轉捩點，讓我意識到不一定要把所有事情扛在自己肩上，我可以全心致力於提升他人，然後運用他們的天賦，造福我們雙方。

這一章是關於服務他人和賦予他人能力。要有效地做到這一點，其實很簡單：找出他們的天賦，不要阻礙他們，然後盡你所能發掘他們的潛能。按照這個藍圖，你就會明白我一再學到的教訓：想法不重要，關鍵在於人。

識別優秀特質

我們已經討論過我在他人身上尋找的各種特質。首先，我在第二章提到的「務實樂觀主義者」，他們會幫助你培育你的想法，而不是拆你的台。我從沒見過非常成功的悲觀主義者。有些人自信又謙和，這種完美的特質組合就是值得投資的創辦人。

我發現，還有四個特質與成功相關。

- **同理心**：你必須感同身受，了解他人的需求，明白他們的痛苦。你需要跳脫自我，設身處地為他人著想，才能看清全貌，得到全方位的觀點，才能解決問題。
- **不盲從**：我指的不是固執或憤怒，「不盲從」是堅持自己對未來的看法，拒絕動搖。正如貝佐斯談到 Amazon 時所說：「我們對願景很固執，在細節上很靈活。」就像蘿拉．芬弗博士在第六章中所言，你不能對權威太恭敬。如果你知道自己是對的，就必須堅持自己的立場，而不是默默站到一旁，眼睜睜看著別人作出錯誤決定，或者把你的組織推往錯誤的方向。歸根究柢，我們每個人都有這種權力，即使行使這種權力表示我們選擇離開。
- **夠仔細**：越來越少人認同這樣的觀點，但無論努力多微小，只要持續進行，就會產生極大的差異，而且這種想法絕對是事實。這不是我們常提到那種負面的完美主義，為了避免犯錯而浪費無窮無盡的時間，卻沒有明顯的好處。我確實認為把細節做好有其價值，儘管人們不甚賞識。「你做一件事的態度，就是你做每件事的態度。」我們在噴射機隊和海豚隊共事時，邁克．坦寧鮑姆常這樣責備那些偷懶的人。這是老掉牙的說法，卻是事實。我承認，我比許多人更注意細節，那是因為細節很重要。我認為細節代表能力。如果你在小地方會做錯，我打賭你在大方向也會犯錯。

● **衝到底**：當初與瑞克．曼吉尼共事時，我們務求讓球員在足球場上發揮最大的努力，那是我第一次體會到這個概念。曼吉尼向團隊灌輸以下觀念：無時無刻都要付出最大努力，打到哨響，絕不鬆懈。這個道理不僅限於美式足球。無論在哪個業界，我都能在每個具備超凡天賦的人身上，看到他們在最後想做得更多，想遙遙領先的渴望。在我的職涯和個人成就中，我最喜歡的紀念品是我完成巴黎馬拉松的影片。我沒有任何運動天賦，跑馬拉松是學習如何掌握步調。我需要運用與平常不同的心態，在長時間中耐心調配體力，而不是一鼓作氣地爆發。在法國的那天早上，我只有一個目標，不只要完成馬拉松，更是要跑得出色，最後的四分之一哩要比頭四分之一哩跑得更快。所以我看見遠方的二十六哩標誌時，我必須保持足夠的體力來衝刺。我永遠不會忘記，在最後短短幾分鐘，我胖嘟嘟的身體從其他跑者身旁呼嘯而過的感覺。目標在望時，我們往往會疲倦或鬆懈。我們的挑戰就是要對抗這種衝動，在抵達終點之前都要全力以赴。

如果這些特質對某人有利，下一個問題就是「你該如何運用」。這些特質如何轉化為實質的成功？我發現在任何組織中，都要有以下四個不同的領域的角色，這才會讓組織結構更健全：願景家、牽成者、執行者和溝通者。不見得要由一人扮演四種角色，但是每個領域都需要一個有才幹的人，創辦人無法兼顧四個領域。我們需要認清哪個角色最適合自己的能力和個性，其他角色就由勝任的員工或合夥人負責。

願景家

願景家能夠洞察先機，預測世界未來的發展方向。蓋瑞・范納洽和他神奇的大腦就是最佳範例。他告訴我：「看見未來的方法就是『關注現在』。無論是看下載量最高的應用程式，上 Reddit、4chan、Discord，看 Twitter，觀察誰在 TikTok 上嶄露頭角，都是我的關注數據點。就很多方面看來，我將自己視為一九七〇年代唱片公司的星探，是必須找到下一位傑出歌手的人。我必須去酒吧觀察觀眾的反應，注意到他們對每個樂團的不同反應，然後觀賞一場又一場的演出，確認我的看法。沒有人會相信我做了多少功課才得出結論。大家以為我在浪費時間，但要了解世界、看到模式、預測未來，就需要這麼多時間。」

我們在 RSE 開出的第一張支票就是給凱爾西．佛特（Kelsey Falter）。她是二十三歲的工程師和設計師，剛從聖母大學（University of Notre Dame）畢業，創辦 Poptip，利用自然語言處理功能，在 Twitter 上以奈秒為單位評估用戶對公司的想法和情緒。透過擷取和分析推文的非結構性文字，並進行簡短的即時分析調查（instapolls），藉此了解人們喜歡什麼、不喜歡什麼，知道什麼讓他們興奮、憤怒、悲傷或情緒激動，再利用這些資料為品牌和個人制定策略。她的早期使用者非常喜歡這個產品，她有遠大的願景，希望這個軟體可以用在各種應用程式上，從銷售運動鞋，到幫助有自殺傾向的人。她認為資料可以透露誘發因素，繼而採取主動干預，為人們提供他們極度需要的協助。

凱爾西有許多想法都非常前衛，但她的公司要長治久安，最大的挑戰就是讓更多人看到她的願景。凱爾西的想像力也許能讓 Poptip 成為市值十億美元的企業，但當時的世界還跟不上，儘管 Twitter 和 IG 將近七年之後才推出 Poptip 所提供的功能。所以即使產品很早就得到採用，光有願景還是不夠的。

凱爾西的故事之所以出乎意料，是因為她雖然年輕，也能看穿這一點。她知道自己還需要更多條件，也知道這意味她的公司很脆弱。「大公司使用、付費，也喜愛我們的產品，」她回憶，「但這種合作關係有風險。」

凱爾西很有自信，卻也明白世界可能不會按照她的希望和預期發展。凱爾西解釋：「我們與 Twitter 和 Facebook 關係密切，也能存取他們的資料。然而情況不斷變化，很難指望合作夥伴的信任。我們不知道他們明天會不會讓我們擷取資料，這種缺乏控制的情況讓我很擔心。我們需要另闢蹊徑，我知道其中存在不確定因素。為了成為高價位的軟體及服務產品，Poptip 必須進行反覆更新修正，而繼續下去的風險太大。」

就在凱爾西思考如何降低未來風險時，數據分析公司 Palantir Technologies 看中凱爾西的資料引擎，提議收購整家公司。「出售公司不是我的願景，」她說，「但我確實希望遵守對員工和股東的承諾，我想把資金回報給投資人。我知道我們可以做出偉大的事業，但現在時機未到。」

凱爾西有自知之明，作出許多創辦人辦不到的決定，在非賣不可之前就賣掉公司，避開可能更悲慘的命運。「我與投資人討論時，也接洽兩家潛在的收購公司，」凱爾西說，「同意賣給 Palantir 的前一天，我還在參加比稿會議[72]，因為我希望有各種選擇，才能作出最好的決定。我所有精力都放在為公司創造正面的結果，即使我不知道這個積極的結果是什麼。」

凱爾西在 Palantir 待了幾年，幫忙實現她的願景。她非常有才華，在 Palantir 工作不久後，就贏得全公司的駭客大賽，與最資深的工程師一較高下。Palantir 上

72 Pitch Meetings，一種常見的商業會議形式，通常用於展示、推銷或提案某項新想法、計畫或創意，並爭取客戶、投資者或合作夥伴的支持。

市後，凱爾西再也不用工作了——當然，在你讀到這裡之前，她一定已經投入其他事業，我也會繼續和她合作，因為我不僅相信她有洞察未來的天賦，也相信她能看到未來的各種可能，並且積極謀劃最好的結果。Poptip 帶來的回報是 RSE 第一次投資金額的七倍。這是我最早學到的一堂課，教我如何支持騎師，而不是重視馬。這個教訓就是，當你立下雄心壯志時，最好能找到真正的願景家。

牽成者

如果願景家是電影編劇，這個編劇就需要製片規劃如何拍電影。願景家需要牽成者整合各個因素，實現願景。通常這個角色需要另一個人來擔任，少有願景家有能力召集執行所需要的人選。牽成者必須有條不紊，又能激勵人心，可以找到適任的人選，激發他們的興趣，讓他們加入團隊。如果願景家制定了整體規劃，牽成者就會將其分解為可執行的步驟、擬定可執行的計畫，負責每天的營運。

尚恩·哈波是我見過最傑出的牽成者。我之前介紹過尚恩，他是「金恩保險」的共同創辦人兼執行長。這家公司對由百年巨頭主導的行業發起挑戰，證明更好的數據就能改變一切。尚恩花了五年時間重新設計保險公司對房屋核保的方式，只計算最重要的變數，重塑二十一世紀房屋保險的客戶體驗，直接面對消費者，不需要經紀人。這是顛覆產業，很了不起的過程，尚恩就是最佳掌舵人。

少有人像尚恩一樣，可以擁有不慍不火的熱情。他的特殊能力就是降低周遭的火爆程度、寬容以待、消除憤怒的情緒以及顧全大局。保險業受到嚴格監管，有許多詳細的要求，同時又在不斷變化、調整。在如此複雜的環境中，要組織、管理能茁壯成長的團隊，是一項重大挑戰。

「我的情緒控管能力是做生意的一大優勢，」他告訴我，「人們喜歡和我打交道。照顧別人的情緒是很辛苦的事，鼓勵別人，或是替他們處理情緒都很傷腦筋。如果你能消化自己的感受，而不是強迫別人陪你一起處理，和你合作就很容易。其他人認為你不會對周圍發生的事情作出非理性的情緒反應，他們就會信任你，希望能與你一起工作，或為你效勞。」

這個觀點很了不起。尚恩談到，有幾次危機逼近時，投資人問他，「你為什麼不擔心？」「一方面可能是我比他們掌握更多數據，」他解釋，「譬如我們需要發薪水，但公司沒有現金，然而我知道哪些計畫正在進行中，錢就快到位了。另一方面根本與數據無關，只是我會控制我的情緒反應。『你們希望我驚慌失措，東奔西跑嗎？』我問他們，『還是希望我保持冷靜、專注？』這個問題的答案顯而易見。我當然是保持冷靜專注比較好。對公司更好，對每個與我打交道的人也更好。」

如果你認識這樣的人，請跟他們保持密切聯繫，因為如果沒有牽成者逼他們起床，願景家無法實現夢想。

執行者

牽成者必須著眼大局，優秀的執行者則必須見樹不見林，專注於自己的特定角色，然後發揮到極致。律師是企業內部特定單位的執行者。財務長是執行者。技術長通常也是執行者。有時這些人會對自己的工作感到不滿，想要兼任願景家和牽成者，不滿於深入研究自己的專業知識，尋找競爭優勢。在這種情況下，執行者會產生所謂的「願景嫉妒」（vision envy），把組織搞得一團糟，因為最後會出現許多願景，職責分工有所分歧，執行程度也會出現落差。

如果願景家或牽成者當中出現能力較差的人，問題就來了。這些角色總得有人擔任，如果被指派的人無法勝任，執行者難免感到有壓力、也有義務挺身而出，即使他們不太適任。或者，榮耀只歸給願景家，執行者卻遭到忽視，或被視為可替代的商品，就可能產生嫉妒和鬥爭。優秀的願景家和牽成者會認可傑出的執行者，他們知道自己必須懂得感謝執行者的角色，不是無意間鼓勵他們偏離使命。畢竟，總有人得做這份工作！

說到卓越的執行者，我就想到瑞秋・歐康諾（Rachel O'Connell）。進入哈佛商學院之前，她白天在銀行上班，晚上在時裝界當義工。她後來告訴我：「幫助有創意的人實現他們的願景，讓我覺得精力充沛又充實。」我在課堂上提到有遠見的創造者，瑞秋上我的課時，不見得有同感，但她確實喜歡支持這些創造者的夢想，並盡一己所能提升價值。她原本計畫在傳統的大型零售商或製造商實習，希望透過自己的努力往上爬，但這堂課啟發了她，讓她想加速這段旅程。

「聽到創業家分享他們的熱情，讓我意識到，在時裝或美容業工作不是我的動力。我的動力是能幫助有創造力的人，並與他們建立深厚的聯繫。我希望從一開始就能找到創意產業的合夥人，建立這種聯繫。」這是第六章談過的大躍進，別害怕懷抱大夢想，不要只是循序漸進。

課後和她聊天，我發現瑞秋和我帶到哈佛商學院的企業家一樣，都是特別的人才，因為願意幫助願景家是種天賦。她不怨恨他們，也不奢望他們的榮耀歸於自己，反而傾力扮演同等重要的支援角色。事實上，我靈光乍現，知道有一份工作很適合她。我碰巧知道化妝界的傳奇人物芭比・布朗（Bobbi Brown）正在尋找善於分析的人，來協助她開發新產品線，而布朗這位創意人士又自認對數字毫無興趣。瑞秋說她很愛「芭比・布朗」，我不禁覺得這是天意。我拿出手機，放在哈佛學生餐廳的桌上，對瑞秋說：「如果芭比接電話，那就是命中注定。」她接了，我們的對話結束時，瑞秋已經得到面試機會。

瑞秋說：「這是個難得的機會，能與創意領袖並肩工作，幫忙把她的願景帶給全世界，獲得深刻的學習又尋找個人價值。」她幫助芭比・布朗推出新的化妝品系列（創造者和財務工程專家的成就都飆升到新高度），現在到 Estee Lauder 工作，前途無量，因為她知道如何效命和執行。

在職場上，請務必坦承面對自己的優、缺點，切勿試圖把方塊塞進圓洞裡。如果你夢想成為創業家，但卻發現自己擅長支援創業家，請不要因為自負毀了成功機會。當個世界級的執行者吧。

溝通者

即使其他要素都就緒，我們還是低估了「向人解釋組織使命，以及公司為何有能力實現願景」的重要性。對投資人、員工、消費者到媒體等各種受眾而言，「說故事」的能力至關緊要，這也不是隨便哪個人都具備的附加技能。我曾與一些公司合作，這些公司主管試圖自己說故事，但如果他們不擅長，公司的事業永遠無法順利起步。

提到說故事，朋友湯姆．卡羅（Tom Carroll）是我的秘密武器。我把他介紹給難以闡述、表達自己故事的公司。湯姆是TBWA\Chiat\Day的執行長，這家全球性的廣告公司在一九八〇年代企劃發表Apple，在賈伯斯於一九九七年回鍋擔任執行長時，透過公司革命性的「不同凡想」廣告重新包裝這家科技巨頭。湯姆與世上最有才華的說故事者合作，對於如何打造大型、標誌性品牌充滿熱情，他的技能不光可以打動消費者，對每個人都受用。

在B2C（企業對消費者）的世界，我們直覺就知道講故事的力量，但當我們想到B2B（企業對企業）行銷時，情況卻恰恰相反。B2B這個說法本身就名不副實，因為在企業作出購買決策的人只是背後的消費者。你銷售的每個對象到頭來都是消費者。每次銷售都是把某人的理念傳達給另一個人。請注意，我沒有說「傳達必需品」。銷售與感覺相關。所有信念的基礎都是情感上的需要。套句幽默作家法利・德昂[73]的說法，好的故事讓痛苦的人好過，讓好過的人痛苦。

即使在看起來不太適合講故事的行業，也不要忽略故事的重要性。檸檬茶公司「林里」（LinLee）二〇一二年創辦於廣東省湛江。該公司與眾不同之處不僅是茶葉（和自家檸檬果園），還包括每杯飲料中都附送標誌性的小黃鴨玩具。顧客使用微信上的代碼，甚至可以為小鴨添加配件，開啟收藏。這裡的「講故事」是指顧客透過小黃鴨與公司建立連結，他們本來不會有品牌忠誠度，卻因為這個玩具成為忠實粉絲。

美國的「金恩保險」在業界也有傳奇故事，他們運用數據管控風險的能力強過任何競爭對手，並在氣候變遷的「新常態」中蓬勃發展，同時直接面對消費者，利用簡訊和社群媒體實現自助服務和溝通，這就是幾乎各行各業的客戶所期望的「新常態」。但該公司的團隊不擅長說明。

我請湯姆・卡羅重塑「金恩」的品牌形象，「新常態」正是他的作品。我們幫助「金恩保險」更有效地講述它的故事。濃縮和傳播訊息的能力絕對可以縮短世人理解、接受公司所需的時間。如果你對世人來說太前衛，溝通就是縮小差距的關鍵工具。

我最近和傳奇投資人凱西・伍德[74]談到，想讓別人看到你的願景，往往需要比預期更長的時間。她二〇一四年辭掉「聯博投信」（Alliance Bernstein）的投資長一職，破釜沉舟，獨自創立「方舟投資」，透過多種主動型的ETF（指數股票型基金）對創新領域投下極大賭注，資產管理規模在最高峰時接近五百億美元。

凱西提醒我，在市場看出Tesla不容小覷之前，她已為Tesla宣傳很長一段時間。二〇一八年八月，她在Twitter上宣稱該公司的股票目標價為是四千美元，這在當時意味市值要達到不可思議的六千七百億美元。這個大膽的預測遭到眾人嘲笑，此時市場還沒跟上。

「我們不敢相信竟然沒有人願意聽，」她在二〇二〇年接受彭博社採訪時說

73 Finley Peter Dunne，美國新聞工作者。

74 Cathie Wood，美國金融分析師及企業家，現任方舟投資行政總裁及投資總裁，有「科技股女股神」的外號。

道，「雖然他們冷嘲熱諷，但我因此更堅定支持 Tesla，雖然後來唱衰的人越來越多，進入 Tesla 的門檻卻越來越高。」

最後證明，凱西的目標價格錯誤，但錯得好，因為 Tesla 在二〇二一年達到一兆美元市值。她向我解釋：「市場的效率極低，許多評估新創科技的人都沒有直接的經驗。」她的辦公室就是這個問題的解方，裡面都是年輕的分析師，他們迫不及待地想知道下一步的風尖浪頭。這種追逐新知的公司文化建立她在投資人眼中的至尊地位，甚至衍生出一系列商品。

人們到頭來會跟上並理解的。如果找到合適的溝通者，更能幫助你實現願景。

這四個領域就是卓越企業的核心競爭力。當然，負責其中每個領域的人也必須是優秀人才，無論是員工還是創辦人。

正如我在本章一開頭所說，你不可能獨力完成所有工作，我就是一個很好的例子。人們經常問我是如何經營公司、進行各種交易、在哈佛大學任教，還上電視；答案很簡單，就是我有個夢幻團隊與我並肩作戰，否則我不可能辦得到。

烏岱．阿胡加（Uday Ahuja）是RSE的投資長，幾乎從一開始就與我共事至今。烏岱畢業於密西根大學羅斯商學院（Stephen M. Ross School of Business），先後在「高盛」的投資銀行和私募股權部門擔任要職，後來才來到RSE。我們決定進行投資時，烏岱會帶頭負責構建有創意的交易、協商條款，管理整個團隊完成盡職調查。有時烏岱的工作似乎就是專門處理麻煩人物的任性要求，但無論遇到什麼問題，他都能鎮定自若。他正是我所需要的平穩的手，來平衡我的激情。

在法律方面，柯琳．葛拉斯（Corrine Glass）是我的法律總顧問，她畢業於哈佛法學院，會仔細審閱每份協議的每個字。她和我一樣注重條理分明，擁有極佳記憶力，總是能想出巧妙的方法解決我想都沒想過的問題。沒有事情能逃過她的法眼。雖然柯琳是強悍的律師，但她就像所有最優秀的律師一樣，總是以大局為重，絕對不讓偏頗想法影響交易。

他們有能力共同執行完整的投資管理流程，所以我才有辦法專心做我最擅長的事。

每個人所能做的最重要的事情，就是了解自己的天賦，以及自己在團隊擔任的角色。然而光是認識自己和身邊的才能還不夠。我們也必須看得出相反的狀況，就是有人導致公司衰敗或限制公司的成功潛力。問題通常歸結於一個簡單的模式：高層主管因為桀驁不馴、不支持別人，限制周遭每個人的力量，因而拖累組織的發展。打壓者、掠奪者、受害者、殉道者和操控者都是棘手人物，會阻礙他人充分發揮潛力，有礙團隊追求成功。

不要阻礙他人

我們不時需要與難搞的人打交道，尤其是當你困在他人的階級架構，受制於他人的突發奇想時。所以我才要勸大家跳脫公司體制，踏上自己的旅程。我最大的原則就是盡量不跟棘手人物打交道。如果你目睹某人粗魯無禮、不屑他人意見、充滿敵意或不尊重他人，即使不是直接針對你，也最好避開。對方對別人做的事情，到頭來也會施加在你身上。唯一的例外是藝術領域，這是我審慎思考的結果。我對藝術的定義很廣，舉凡視覺、表演、烹飪、寫作都是藝術。藝術會吸引受苦的靈魂，所以我比較能容忍藝術家的難搞。但這不表示我可以忍受刻薄或殘忍，只是對某些人而言，有時我們得縱容他們的怪癖，甚至是近乎任性的行為。

你要記住，初次與另一方協商時，無論對方是投資人、合夥人或員工，你看到的都是他們最好的一面，因為沒有人會一開始就擺出最糟糕的一面。如果他們最好的一面都很難搞，或表現出你無可解釋、預測、容忍的行為，你就需要盡速離開。請相信我，情況永遠不會好轉，只會每況愈下。

我一再看到以下五種行為模式拖垮個人或組織。你不要成為其中一種，也要避免和他們交手。如果你遇到這些不良人物，請手刀快跑。

打壓者

當別人挺身而出為成功作出貢獻時，打壓者無法表達讚美或感到高興。這些人因為缺乏安全感或需要支配他人，憎恨別人擁有他們所沒有的技能，或憎恨不像他們一樣厭惡自己的人。如果你發展得很好，他們就會以打倒你為己任。

如果你太依賴別人指導，很容易遇到打壓者，陷入惡性循環，因為你尋求認可的對象永遠不會認同你。多數人與別人打交道時，都會假設對方從理性的角度出發。我們以為做得好，就會得到認可和獎勵。但打壓者卻利用這些假設，折磨身邊的人。

如果你為打壓者工作，你贏不了，非離開不可。我不得不承認，我對耐心和職涯發展持有兩種看似矛盾的觀點。一方面，我看到責任的增加如何成為領先指標，即使薪酬增加幅度一時可能跟不上。表現優秀的員工將會得到成長機會，最終薪水也會增加。正常情況應該是這樣。但涉及打壓者，恐怕就不一樣了。只要你願意配合，他們永遠會占你便宜。哪怕只有一丁點，如果你自認可能是打壓者，你從這本書學到的最重要教訓，就是你必須停止打壓。讚美身邊的人，認可他們的才華，無論他們有什麼樣的天賦，都幫助他們發揮最大潛力。讓感恩之情進入你的心，不管你有什麼痛苦，最終都會走出來。支持身邊的人，只有好處沒有壞處。

掠奪者

我在ＩＧ和 LinkedIn 上會收到大量訊息，我很內疚自己無法回應大部分訊息。但我都讀了，並檢視來信是否顯示出嚴重的困境或沮喪的跡象，我的一句好話也許能慰藉他們。身邊的掠奪者往往會讓人產生負面情緒，他們極其絕望，不知道該求助於誰。

不久前，我從未見過的年輕企業家透過ＩＧ直接傳訊給我，她出眾的藝術風格吸引我的注意。她有一家小公司，大膽的設計將汽車提升為個性宣言，她的包膜既能改變外觀又能保護車子。

我上《創智贏家》之後，她傳訊給我，提議把我的車子包膜設計成鯊魚的模樣，同時也向我請教。她解釋，她知道自己工作的價值，但她發現顧客總是找理由不付錢。有人委託她做一個包膜，她一絲不苟，日以繼夜工作好幾個星期。客戶對她的成品很滿意，卻沒有滿意到願意付錢，這種情況層出不窮。人們委託她，然後雞蛋裡挑骨頭，拒絕付款，或者乾脆人間蒸發。

她非常厭惡衝突，無法和這些小偷面對面對質，也沒有信心要求客戶先付款，因為她擔心以後就接不到訂單了。她缺乏自我價值感，無法避開想從她身上撈油水的掠奪者。

我向她保證，她的工作有其價值，這些人對她不公平。我告訴她不要害怕要求他們付錢，也不要害怕要求他們先付款。她必須自己學到這個教訓，後來她辦到了，現在業務欣欣向榮，有了自信，如果你想做包膜，就去找 Curvaceous Wraps 的克莉絲汀娜．馬凱（Christina McKay），就說介紹人是我。（然後付錢！）

掠奪者不是一直都那麼厚顏無恥和離譜，基本上，掠奪者是帶有侵略性的打壓者。他們想利用你的脆弱，掠奪你的優勢，將你的才華據為已有。如果你想光明磊落地從創意天才身上獲取價值，就需要同理身邊的人的不足，而不是剝削他們。偉大的領導者會支付合理的工資，即使他們知道對方沒有勇氣提出要求。這時我就想到 &pizza 的麥可．拉斯托里亞，以及他為提高全國最低工資發起的倡議——「這是對勞動力說『我們重視你』的最明確方式。」麥可說。事實上，偉大的領導者會不遺餘力補償那些最無法提出要求的員工，因為領導者看到「讓人們有安全感」可以帶來無可估量的好處，看到這種安全感可以激發員工的最大天賦。

受害者

一般而言，表現傑出的人常常會心懷感恩。他們不覺得成功是理所當然，所以成功來臨時，他們會感到興奮和感激；反之，受害者永遠覺得人生不公平，他們從未克服心魔和敵人，受害者將每一次不順遂視為他們遭受不公平對待的證據，這對成長和成功毫無助益。碰上不好的事情，你可以正視它，汲取教訓，不該用它來定義自己。

我三十二歲罹癌時參加互助小組。每個成員都很憤怒，因為美國每年有七千人被診斷出睪丸癌，我們現在就成了這些不幸的男性。請記住，我們很幸運，接受癌症治療的存活率高達九成五。我們很可能在治療後繼續健康長壽。每個人都有不同看法，但是我無法理解有些成員會感嘆自己只剩一個睪丸，有損觀瞻。（畢竟我從不認為那是男性身體最有吸引力的部位。）

術後，我在斯隆凱特琳紀念癌症中心（Memorial Sloan Kettering）接受放療將近一個月，我不斷糾結**為什麼是我？**的時候突然靈光乍現。**為什麼是我？**的反義詞是**為什麼不是我？**我找不到理由解釋其他人為何該取代我，面對這種不幸，但我有充分理由相信，我比多數同輩之人更有能力處理好這件事。我有足夠的金錢，經歷過更嚴重的創傷，大難臨頭時更有幽默感。是啊，為什麼不是我？也許我只是強詞奪理，但我為我的工作、成就，甚至傷疤感到自豪。我很慶幸自己與眾不同，我就是我，毫不遜色。睪丸癌只是另一種例外。一夜之間，我成為全美唯一既能從法學院畢業，又只有一個睪丸的高中同等學力畢業生。（如果我說錯，還有另一個人和我一樣，請用ＩＧ聯絡我，我們一起喝杯啤酒吧，朋友！）我從來沒花時間哀嘆自己的處境，你也不應該，無論你的處境如何。你不是注定成為受害者。在你嚥氣之前，你永遠都有最後的決定權。

我真心認為，人們碰上危機前和身處危機之際都不會改變，危機只會放大他們的強項或弱項。碰到危機時，最會凸顯受害者的心態，受害者認為危機證明他們對世界的每個看法，認定每個人都想害他們，他們不可能成功。然後預言就會成真，他們果真失敗了。

切勿掉進這個陷阱。

殉道者

殉道者有點像受害者，他們是努力工作，但做得不夠好，不足以證明他們對組織造成的精神耗損，他們往往過度分散自己的精力，無法發揮最佳表現。殉道者承擔超出能力範圍的職責，但他們這麼做並不是為了幫助團隊。相反地，他們是為了證實自己的說法，就是他們遭受不公，被迫承擔他人的責任。

好消息是殉道者可教化，而且不見得有壞心——就像「藍石巷」的尼克·史東，他從事必躬親到學習如何委派分工，讓他的事業達到新顛峰。如果你能說服別人，告訴他們追求目標時，他的最重要職責就是為每個任務指派最適合的人選，他們就能將精神轉移到部署、指揮，而不是獨力承擔所有工作。有時執行長會因為不夠成熟、經驗不足或想避免衝突，而成為殉道者。如果公司已經自給自足一段時間，一旦有更多資源僱用人，也很難轉換模式。執行長沒有更進一步認清工作職責，堅持繼續擔任英雄，一肩扛起所有責任。

差勁的領導人可能會獎勵殉道者，認為他們是願意做任何事情的模範員工，這些領導人沒認清事實，做事和完成任務是兩回事。殉道者和受害者其實是硬幣的正反面；對殉道者而言，宇宙強迫他們背負不公平的負擔，受害者則認為，宇宙永遠阻撓他們無法成功。在這兩種情況下，錯都在宇宙，他們拒絕對自己的命運負起責任。

情感操控者

我們通常會想到人際關係中的情感操控者，但他們也存在於公司組織。我經常見到的最後一類負面影響，就是公司裡的情感操控者。他們會費神試圖改寫現實，影響周遭的每一個人，他們通常都很自戀。他們集打壓者、掠奪者、受害者和殉道者的特質於一身，試圖說服別人，說他們沒看見眼前正在發生的事情。

回頭看看伊莉莎白·霍姆斯和 Theranos 的故事。她是典型的情感操控者，面對指控時竭力推卸責任，並堅持其他人看到的事情根本不存在。當然，最後她的虛構故事垮台，這就像「安隆」[75]的故事一樣，「安隆」的執行長傑佛瑞·史基林（Jeffrey Skilling）常常攻擊媒體記者，希望他們以為自己不懂他的事業就是笨蛋——直到一位《華爾街日報》的記者拒絕遭受威嚇。

☑

身為領導者，不該成為這五種類型任何一種，也要盡力避開這五種人。但我們該如何反其道而行呢？不打壓別人，我們該如何發揮他人的潛能，最終為宇宙建立秩序？

釋放他人的全部潛能——讓你可以隨心所欲，更上一層樓

傑出的領導者的成就之所以能夠屢創新高，是因為身邊聚集了在各個領域比他更優秀的人才，他們會激發這些人才的最大潛能。成就偉大事業的最大回報，就是找到那些正在發揮天命的人，集合這些人與你一同前行。我們都能發掘人才、幫助他們、成為粉絲，讓他們在專長領域發光發熱。

無私幫助別人也能為自己帶來好處。你可以支持別人，讓他們成功，你也可以確保自己分享他們的成功。我很開心我支持的創業者變得出乎意料的富有，我擁有他們公司兩成股份，看到我幫助他們成長，得到實質回饋，更讓我開心。老

75 Enron，美國能源公司，後來因為捲入會計詐欺醜聞，二〇〇一年宣告破產。破產前是世上最大的電力、天然氣以及電訊公司之一。

實說，支持有才華的人，也可以變得極其富裕。

所以我認為，無論創辦人本身有多優秀，一家公司能成功的重要指標就是每個階層都有傑出人才。我寧願看到平凡的創辦人身邊有發揮才華的優秀員工，也不想看到天資聰穎的創辦人不肯與可能更優秀的員工共事。

要我說，B級玩家僱用C級玩家，是為了讓自己看起來像A級玩家。但如果B級玩家僱用A級玩家，那麼他們就不再是B級玩家，他們也會成為A級玩家，為你奮鬥的優秀人才永遠不會掩蓋你的光芒。聰明才智不是一方得益，一方就會受損。在特定產業中，我們可能會陷入爭奪市占率的競爭，忘記更有效的成長策略其實是擴大整個市場。我不需要你在DTC食品業務領域失敗，我的業務才能成功，事實上，你的成功就會刺激更多客戶購買出色的產品，因為他們知道市面上一定還有優質產品，我們雙方都可以在市場上占有一席之地。

在本章的最後，我想分享我幫助人們成功創業的故事，證明只要認同並培養他人的才能，就能真正影響人們的生活和這個世界。

艾登・基侯（Aidan Kehoe）是SKOUT網路安全公司（SKOUT Cybersecurity）的創辦人，協助全球企業解決網路安全問題。他的成長環境與我類似，只是他在大西洋彼岸的愛爾蘭。他二十三歲時移民美國，在佛羅里達州只認識一個人，沒有錢也沒有簽證，從餐廳洗碗工做起。餐廳老闆相中他，請他幫忙開戶外酒吧，換取工作簽證。艾登和我當年在麥當勞一模一樣，讓自己成為了不可或缺的角色，這也許不是他的夢想，卻是他所能獲得的機會。艾登充分利用自己迷人的愛爾蘭口音和調酒師擅於說故事的特質。不久後，富遠見的建築師兼高爾夫球場老闆邁可・帕斯庫吉（Michael Pascucci）看中他，他從吧檯轉戰南漢普頓的世界級賽波奈克高爾夫俱樂部（Sebonack Golf Club）（該球場由高爾夫傳奇人物傑克・尼克勞斯〔Jack Nicklaus〕設計），這個俱樂部位於曼哈頓以東兩小時車程外，專門服務紐約富裕階級。

艾登骨子裡是個企業家，他汲取俱樂部成員的智慧，尋求指導，建立自己的人脈，最終自己創立保險經紀公司，並找上RSE。這些年來，我看著艾登發現比銷售保單的更大商機：網路安全。他照著創辦保險經紀公司的同樣程序，諮詢任何願意跟他談上幾分鐘的人，找出這個產業尚未滿足的需求。結果他找到了。越來越多駭客以中小型企業為目標，這些容易成為目標的企業無法負擔昂貴的預防措施，又往往被大型的網路犯罪集團所忽視。在SKOUT問世的前幾年，勒索軟體事件遽增，艾登抓住這個機會，幫助這些中小型公司。

在帕斯庫吉家族的支持下，艾登開始創業，自封網路安全專家，成為SKOUT的執行長。儘管他沒受過正規的訓練，但他和小型企業的業主很有共鳴，也和他們有共同語言。他們的檔案遭到挾持時，小企業老闆不想和海外客服中心的工作人員談話。他們信任艾登，他也成為他們寶貴的資源。但艾登知道，擴展業務的那幾年他將耗盡資金，他需要得到資金雄厚、又能承受虧損的創投公司支持。他說服我和史蒂芬直接從他手中買下這家新公司。

現在回頭看，老實說，艾登可以說服我投資任何事業，因為他最讓我信服的是他潛藏且需要開發的天賦。我越了解他，越發現自己需要他幫忙處理最複雜的事情。他的天賦是能夠看穿表面的紛擾，了解事情真相。他從以前到現在都很認真、嚴謹誠實、謙虛，而且有超強的自知之明，但他缺乏拓展業務的能力。他深厚的同理心通常是他的優勢，但在面臨艱難的人事選擇時，艾登會選擇容忍能力較差的人，自己承擔越來越多的工作，以彌補他人的不足，好個典型的殉道者。但是，正如我先前所說，殉道者可教化，而且通常都是出於一片好意。我做了什麼？我找來蘿拉．芬弗博士。

我想讓芬弗博士幫忙釋放艾登的潛能。對她而言，艾登的特別之處在於他願意成長、學習和改進。她與艾登的十五名員工談話，了解公司現況，整理出長達十頁的報告，內容從誠實到殘酷，包括溝通、員工定位、公司願景等各式各樣的問題。芬弗博士覺得報告中的挑戰恐怕難以克服，艾登無法成為帶領公司更上一層樓的適任領導者。

但是艾登的強烈的反應讓我們大為震驚。經過一個星期的消化之後，他和我以及芬弗博士坐在會議室，將報告結果下載下來，這個過程開放、透明，頗令人不自在。他不想離開房間，但其中的情緒如此赤裸直白，我都想衝出去了。下載完畢之後，他藉故離開，以便到隔壁的會議室，那裡正在舉行高階主管會議。

「你們乾脆全部傳閱一遍，反正內容也不會讓你們意外。我要改進的地方可多了。」

他把報告扔在桌子中央就走出去。我這輩子沒見過這種結束討論的方式，芬弗博士也從未見過如此大膽的舉動。她一方面認為這是個不成熟的處理方式（畢竟誰會在團隊面前承認自己的弱點？）；另一方面，她又覺得這是有力的絕妙之舉。承認自己的弱點，還用白紙黑字展示給團隊，就是向他們坦承，你不完美，他們也不完美。他勇於承認自己的缺點，而不是遮遮掩掩。艾登要求團隊監督他改正清單上每一項，承認他需要幫助，並承諾他會改變。

「這份報告徹底顛覆我的認知，」艾登回憶道，「我從來沒看過這麼專業又準確的反饋，最棒的是，我可以靠這份指南修正得更好。其實我每天都拿出來看，計畫解決上面提出的每個問題和挑戰。我知道我需要比公司成長得更快，否則公司的發展就會受限於我和我的能力。」

與團隊分享報告是艾登破釜沉舟的方式，一旦他們看到他最糟糕的一面，他就沒有退路了。他全力以赴地改變自己的行為和業務，團隊從那一刻開始就知道他有多在乎。艾登記得我告訴他，「無論你認為自己隱藏了什麼，其他人早就知道了。如果大家都知道了，我為什麼不直接說出來？我想舉手說，我知道我不完美，但我會盡力改得更好。公司同仁看到我真的願意談論我需要如何改進時，他們也能對自己進行同樣的對話。」這成了提升自我覺察和重大改進的良性循環。

我這麼說只是輕描淡寫，但在芬弗博士完成報告之後，艾登經歷了一段非常艱辛的旅程。他家裡面臨許多挑戰，大兒子被診斷出患有自閉症障礙，女兒也有健康問題；同時，我們又找來新投資人，這些人毫不留情地對艾登施加壓力。買家的反悔心態就像討人厭的胃酸倒流，這些投資人覺得艾登找他們加入時估價過高，他們決心拿回相對應的回報，所以不斷對艾登施壓力。

我警告過艾登，他的團隊不是精明投資人的對手。這家投資公司的領導人極富遠見，他加入的原因和我們一樣，都是為了支持「騎師」，但他身邊有一群技術官僚，他們情緒淡漠，缺乏同理心，只注重數字；經驗告訴我，他們會折磨艾登。當然，他們也只是盡本分。私募股權公司的技術官僚不相信依賴軟技能的人，所以艾登需要招募一支全能團隊，既要能對投資人說明試算表，又要能對客戶說人話。說得容易，做起來難啊。

某天晚上，艾登在最低潮的時候打給我。他發來一張照片，他女兒身上裝了心電圖監測器，正在接受通宵睡眠檢查，尋找癲癇發作的原因。「我女兒在醫院，」艾登記得，「新投資人很不開心。我們有員工離職，銷售業績不理想，我的世界分崩離析。我已經幾個星期沒睡覺了，我們這行本來就很緊張，客戶會因為安全漏洞而恐慌。我打給麥特，告訴他，我做不下去了，我會在年底離職。」

我走出餐廳，在外面踱步。艾登說著說著就哭了起來。「我完了，」他說，「我不適合做這個，很抱歉讓你失望了。」

「我在這行待得夠久，知道誰什麼時候會完蛋，」我告訴他，「你差得遠了。你完蛋時，我會打電話告訴你。現在你需要休息一下，你女兒在醫院裡，你每晚都熬夜，你現在馬上就去睡！」

這對公司和艾登個人而言，都是有深遠影響的一刻。「一旦你投降，之後就有種解放的感覺，」艾登後來解釋，「我知道一切都會好起來。我對公司、對它的成功、對那裡的員工都投入太多感情，我只想確定我沒讓任何人失望。」那次談話之後，他辦到了。在往後的六個月，艾登重建了整支執行團隊，增加兩位出色的資深領導人，這是他有史以來最重要的招聘，他延請一位財務長和一位業務總監，我知道他們即將改變整個公司的發展軌跡。此外，他重塑商業模式，改變公司的溝通方式，改善自己的健康，最後實現了他的夢想。

艾登跌落谷底的兩年後，SKOUT網路安全公司二〇二一年被 Barracuda Networks 收購，價格高達九位數，而且就在企業成立五週年之前。艾登退出，他賺到的錢足以度過餘生，甚至綽綽有餘。

我們當年招募的新主管在交易完成一年內都拿不到報酬，以免他提早離開。在艾登授意下，我改變交易方式，讓對方提前拿到支票。這是他應得的，整個團隊也應得。艾登的轉變是我見過最令人難以置信的商場成就。

芬弗博士也同意。「在我看來，」她告訴我，「當一個人有智慧、有自知之明、有上進心，企業教練的輔導才有效。這三項條件艾登都俱足，這就成功了百分之七十五，那些能夠提供新想法或新觀點的人所提供的指導，就是剩下的百分之二十五。」芬弗博士在這段過程中支持艾登，我也是，和他共事的很多人也支持他。艾登做了很多工作，然而扭轉乾坤是整個團隊努力的成果。

分享艾登的故事讓我很開心。我剛開始投入這份工作時，還沒意識到「發掘他人潛能」能給我帶來多大回報，這也正面證明了「利他心態」會提升自己的幸福感。麻州大學醫學院的卡洛琳．史瓦茲（Carolyn Schwartz）教授發現，樂於助人的人比其他人更幸福、更少感到抑鬱。我們會感到「心滿意足」，這一點在我們為人服務時，經由腦部核磁共振掃描已經得到證實。

我樂於欣賞他人的才華，也喜歡想辦法幫助他們發揮潛能。我人生有一大部分，就是想辦法在這方面投入更多時間。只要我有能力，我怎麼有辦法不幫人？

破釜沉舟可以讓你找到哪些事情最讓你心情澎湃。你不斷鞭策自己，就會找到引起靈魂共鳴的事物，當你的人生不斷反覆這個過程，你的最終的目標是什麼？最棒的就是你不必決定，只要繼續往前走就對了。

CHAPTER 9 展現最大膽的夢想

我從小就迷棒球卡，不知道為何，我很崇拜蒙特婁博覽會隊（Montreal Expos，焦點新聞後來加入芝加哥小熊隊〔Cubs〕）的外野手安德烈・道森（Andre Dawson），又名「老鷹」。道森是怪物級的打者，也是令人印象深刻的外野手，他獲得許多獎項，最終入選棒球名人堂，他的職業生涯打出四百三十八支全壘打（我寫這本書時，他的全壘打數在全美史上排名第四十六位），而且揮棒動作流暢，讓一切看起來都輕而易舉。大家都說你不該見到自己的偶像，或者至少要有失望的心理準備，但我很確定他是例外，因為我知道安德烈・道森一九九六年退役之後做了哪些事。

二〇〇三年起，他開始在佛州邁阿密經營殯儀館。正如ESPN和其他媒體所報導，他什麼都做，今天開靈車，明天迎接送葬者。「你不知道上帝會帶你到哪裡，」他說，「我再怎麼異想天開，也沒有想過會做這種事。也許這就是我的天命。」

也許你覺得他的故事不同於我在書裡反覆提到的「破釜沉舟」案例。對你來說，可能不是；對我而言也不是。我不想經營殯儀館，老實說，也無法想像自己做這件事。但安德烈·道森的人生不是我的人生。我很佩服他能拋開職業運動生涯的地位和名聲，追尋成就感。所以他的例子正好說明我這本書的結論：破釜沉舟是主宰自己的人生，給自己最好的機會探索適合自己的旅程，無論是什麼夢想，儘管展現出來，無論別人覺得有多不切實際、愚蠢或難以置信，你都要堅持到底。

米卡·強森（Micah Johnson）就像安德烈·道森一樣，在職業棒球界一階階往上爬。在小聯盟打出一片天之後，他在二〇一五年打進白襪隊（White Sox）開幕日的首發陣容，成為該隊的二壘手，第二次上場就打出安打。但好景不常。接下來的四個球季，強森的表現起起伏伏，輾轉流浪於六個球隊，但大部分時間都在小聯盟。二〇一八賽季結束後，年僅二十八歲的他就退役，但他的故事並未就此結束。打棒球時，他發現自己對藝術的熱情，一有時間就畫畫。他告訴我：「隊友說喜歡我的作品，這種肯定讓我有信心繼續畫下去。」他以鍛鍊運動技巧的精神精進藝術。他說：「我看到辛勤練習的成果，我花了幾十年才達到我在棒球領域的水準，我知道同樣的道理也適用於藝術。只要持續努力，我就會越來越進步。」強森於二〇一七年在亞特蘭大伍德拉夫藝術中心（Woodruff Arts Center）舉辦個人藝術展，當時他仍在打職棒，也開始為其他球員畫肖像，甚至為隊友紋身。他本來可以繼續待在職棒聯盟，等待機會成為棒球明星。結果他卻選擇退役，全心投入藝術創作，相信自己會不斷進步。

二〇一九年，強森沒有工作、也沒有任何銷售額，但他發現了ＮＦＴ，馬上一頭栽進去。年幼的姪子問他，太空人有沒有可能是黑人，他因此展開一項藝術任務，他知道這項使命比棒球更重要：他要用藝術啟發兒童追求夢想。強森為此投入一切。在新冠肺炎的疫情期間，他帶著女友和襁褓中的女兒從北卡羅萊納州搬到新罕布夏州，在藝術工作室裡通宵工作，創作一系列完美作品。他創造黑人太空人阿庫（Aku），過去一年因此創下超過兩百萬美元的銷售額，阿庫也成為第一個被電視公司選中的ＮＦＴ作品。強森並未因此自滿。「我還沒到達引爆點，」強森說，「我的目標是讓全世界幾百萬孩子了解，無論他們在什麼環境，無論要克服什麼困難，他們都可以成為任何人。」

強森作為藝術家賺的錢遠遠超過打棒球的時期，這個轉折令人驚訝，也證明了一點，就是你以為達到職涯顛峰時，可能只是站在命運低谷。

☑

克莉絲汀・張（Christine Chang）和莎拉・李（Sarah Lee）相識於二〇〇五年，她們在 L'Oréal 韓國分公司的行銷部上班，兩人被調到紐約時都在公司內快速晉升。她們有著相同的童年回憶，小時候在韓國曬傷或出疹子時，祖母都會拿冰涼的西瓜皮塗在她們的皮膚上。她們記得，在韓國，護膚是享受，不是苦差事，美國文化卻不是這種心態。克莉絲汀和莎拉深信，她們有機會將韓國化妝品和護膚文化帶到美國，與不同族裔的消費者分享她們的傳統。

她們就靠這個洞察力，辭去工作，放棄在業界打滾十多年贏得的保障，於二〇一四年創立了 Glow Recipe。起初，她們只是把亞洲的產品帶到美國。三年後，她們以小時候的西瓜皮和其他產品汲取靈感，推出自己的產品。正如莎拉・李對凱蒂庫瑞克傳媒（Katie Couric Media）說：「韓國有根深柢固的護膚文化，是數千年的傳統結合世上最先進的護膚科技。我從小就對護膚著迷，我記得外婆將流傳數百年的護膚手法傳給我的母親和我……我很喜歡與我們的社群分享這些經驗和知識。聽到客戶在網路上展示使用後的成果，說我們介紹的新護膚方法完全改變他們的皮膚狀態，我就覺得為之一振！」

二〇一五年，她們拒絕《創智贏家》的出價，轉身離開。此後，她們的銷售額不斷超出預期，年銷售額超過一億美元。如果她們留在L'Oréal，這一切都不會發生。

羅莉·塞格爾在CNN當了近十年的記者，從二〇〇八年開始報導Facebook和Apple等科技公司。「我是在經濟不景氣時開始在那裡上班，」她回憶道，「那時候還沒有新創公司這條採訪線，iPhone才剛問世，突然間，去華爾街上班不再時髦。我被這些創辦人所吸引，這些跳脫常規的思考者進入科技圈。我感興趣的不僅是他們的產品和企業，還有他們的為人，我不僅想報導科技，還想報導科技與人類社會的交集。」

羅莉後來成為資深科技線記者，採訪了 Salesforce[76] 的馬克・貝尼奧夫[77]、Uber 的多拉・霍斯勞沙希[78]等科技領袖，她與祖克柏的交流也超過其他記者。她看到有線新聞正在改變，人們不再滿足於傳統的內容來源，她又渴望能夠掌握主導權。「我一直都很積極主動，」她說，「從一開始提議開發新採訪線拿到工作，到推出 CNN 第一個串流節目，我不想等別人允許，才快速行動。」

「我在 YouTube 上看到一支影片，內容是猶太教拉比[79]談到龍蝦的成長過程，」羅莉繼續說，「龍蝦需要經過一段不適的時間，牠們得脫殼。我恍然大悟，這就是我需要做的事，我需要創立自己的媒體公司，不只是報導別人在做什麼。我去找（CNN 前主管）傑夫・札克（Jeff Zucker），告訴他我想離開，他希望我留下，但我知道除非我全力以赴，否則不會成功。我必須停止依賴。傑夫一直是我的良師，我很信任他，他希望我留下也讓我受寵若驚，但我對他說：『傑夫，讓我告訴你龍蝦怎麼長大。』我就這麼做了。」

二〇一九年，羅莉成立製作公司 Dot Dot Dot，專注於講述科技與人性交會的故事。「我離開了一百萬名記者拚死拚活都想爭取的工作，但我知道，我更想創造。」邁出這一步，她也不是不害怕。「我可以這麼說，因為我整個職涯都在媒體界，」她解釋道，「我們推波助瀾，讓這個過程在事後看起來很簡單。破釜沉舟的人已經極其成功之後，我們讓他們登上雜誌封面，其實每次的創業都包含失敗和一路走來的起起伏伏。我熱愛新聞業，我熱愛我的工作，而且我很擅長，但我覺得不夠。你能忍受這種心情多久？在你真正下定決心執行之前，你能忍受自己納悶多久？納悶自己是否有勇氣感到害怕？這很可怕，每個人都會怕，也許我們不太常談論到這種恐懼。」

我自己都沒辦法說得比她好。後來我認識羅莉，被她的勇氣和雄心壯志所震撼。我們聊天之際，我意識到她將來注定不只是講故事和創作內容。在我寫這本書的時候，她正將 Dot Dot Dot 轉型為跨平台的媒體產業，將元宇宙（Web3.0、NFT、網路的未來）介紹給大眾。因為在科技業的深厚關係，她不只能講故事，

76 以提供個人化需求進行客戶關係管理規劃和服務的美國網際網路企業。
77 Marc Benioff，美國網路企業家、雲端運算先驅，同時也是《時代》雜誌所有人。
78 Dara Khosrowshahi，伊朗裔美國企業高管，也是 Uber 的執行長。
79 Rabbi 是猶太律法對於合格教師的稱呼。「拉比」這個字最早源於希伯來文的 Rav（或寫為 Rab），原來有「偉大的人」或引申「教師」的意思。

還能幫助我們所有人在新的網路世界創造與建構，連結用戶與NFT市場、加密貨幣、區塊鏈；人們將透過這個媒體公司了解無邊無際的新機會，並且從中獲益。羅莉和她的公司將成為通往元宇宙的大門。

只有離開CNN、獨自創業才能實現這些目標。「我完全不知道該如何創立公司，」她承認，「但我當記者時就知道，不知道該怎麼做，就去問會做的人。我認為女性尤其會有這種恐懼，覺得自己不知道如何創業，就無法創業，但已經有許多了不起的女性辦到，我很榮幸能夠追隨她們的腳步。我可以獨立決策，有機會探索自己的願景，不必等別人批准，這是我做過最困難、也最有成就感的事情。」

羅莉提出很重要的一點，就是女性創業時比男性更恐懼，台灣的徐秀蘭（Doris Hsu）可說比任何人都了解這一點。身為全球最大半導體公司之一、矽晶圓供應商環球晶圓（GlobalWafers）的執行長，徐秀蘭獲得二〇二三年安永世界企業家大獎（EY World Entrepreneur Of The Year），表揚她在拓展營運業務之際，以正確價值觀領導公司，關注公司推動社會公益。

徐秀蘭對《富比士》談到她特別關注人數漸多的女性企業家。「我曾受邀到台灣一所頂尖女子高中演講，」她說，「最後我對這些年輕女士說：『要勇於作夢，妳們能實現的目標絕對遠大過想像……』我告訴公司團隊——其中包括許多女性——我提醒自己：『不要用已有的成就衡量自己，要用你的能力所能達到的成就衡量自己。』」

徐秀蘭擁有令人難以置信的魄力和熱情，常常在早上五點前就抵達公司。這股幹勁帶領「環球晶圓」創建將近六十億美元的市值。她展現出非凡的領導風範。

羅莉·塞格爾和徐秀蘭都曾提出過一個重要觀點，那就是「逃離必須得到他人批准的環境」，繼而得到獨立。這就是每天早上都能興奮地面對生活和事業的真正秘訣：你必須找到一條道路讓你可以做自己、表達自己，並且充分釋放潛能。我拍試播節目時，終於體驗到自己想都沒想過的喜悅心情。這麼多年來，在這麼多工作中，我一直自我審查，沒有徹底做過自己，因為我覺得必須順從某些人或得到他們的認可。我從恐懼的角度出發，避免發揮自己的最大光芒，如同我在第二章解釋過的「高大罌粟花症候群」。換句話說，我盡量不要表現太突出。

但現在我是節目的主角，有權利完全展現自我，這種自由令人著迷。寇特．柯羅寧在戰場上可能會說我丟了安全設備。如果得費神約束自己，很難闖出一片天。當我談到全力以赴實現夢想時，不僅僅是丟掉備用計畫和避險措施，還意味著全心投入，沒有任何保留。

但有時追求夢想不見得能讓你往前、向上。Sugared + Bronzed是成功的日光浴及全天然脫毛連鎖店，由寇特妮．克拉貢（Courtney Claghorn）和山姆．歐菲特（Sam Offit）夫婦經營。他們在二十三歲時開設第一家店，近十年後已經在全美有十家分店。他們的利潤相當可觀，我可以看到他們大規模拓展業務的可能性。

我調查這家公司時，另一位投資人想買下公司大部分股權。寇特妮和山姆面臨抉擇：他們是要套現，從辛勤工作中獲得回報？還是繼續努力，擴大規模、賺更多？要帶著足夠你和孩子過一輩子的錢出場，或繼續拓展業務，選哪一個都沒有對錯可言。有大部分的原因取決於細節，也取決於你的個性和你想過什麼樣的生活。

「身為創業者，我們往往不從負面的角度考慮風險，」寇特妮告訴我，「我想到我們把所有雞蛋都放在同一個籃子裡有多冒險。既然我們已經出售大部分的股權，就沒有那麼多『不成功便成仁』的壓力，也更有能力清楚思考人生和事業。我們買下一棟很棒的房子，造了一個避風港。現在我們可以仔細想想下一步的事業目標，以及如何幫助其他公司成功創業，而我也可以做更多的慈善工作。總之，我真的很開心。」

誰能怪她？我的意思是，對很多人而言，這是他們的夢想，也是創業的初衷。他們希望最後能得到財富自由，減輕壓力。

如果我是他們，我可能賣，也可能不賣。我賣公司，也買公司。寫這本書時，我的團隊賣掉SKOUT，買下木蘭烘焙坊。我們不斷進行交易。但這本書要告訴大家：我一旦作了決定，會立刻檢視自己的狀況，思考下一步該怎麼做。

不是每個人都願意交出棒球手套（和百萬美元的年薪），就為了拿拖把去打掃殯儀館。不是每個人都會辭掉CNN的播報工作。不過這就是重點。這些是**他們的**人生。你的人生道路不一樣，因為你會找到自己的天賦、愛好和使命。你的旅程獨一無二，我的人生也是獨一無二，我寫這本書不是要告訴你何為正確道路，而是要告訴你如何找到這條路，以及如何走上這條路，實現影響深遠的人生。

哪些事情只有你能做？你的人生經歷帶你走向何方？你該如何展現這些經

歷？你想如何度過你的人生？你身後想留下什麼？

歡樂就在人生旅程中

在 Google 搜尋「馬拉松後憂鬱」，結果竟然高達將近一百萬則。事實上科學證明，馬拉松選手在比賽結束後，會感到情緒極其低落。達到訓練、計畫已久的目標之後，難免覺得情緒低落，因為期待大過成就感。帶來喜悅的是追求目標的過程，無論目標是完成馬拉松或是生意上的重要交易，實際結果永遠無法達到預期。我在第四章提到凱特琳．伍利和艾雅蕾．費雪巴赫研究不適感的力量，她們另一篇論文是〈經歷比你想像的更重要〉（The Experience Matters More Than You Think），研究發現，當我們實際進行某項活動時的感受，比我們事前想像的感受，或事後的回憶更重要。

即使是奧運選手也受到同樣的影響。無論輸贏，他們回到家之後，都會感到失落，而且容易陷入嚴重的抑鬱，沒有下一步規劃的人尤其嚴重。成功人生的小秘密是你永遠無法快樂到不再工作、不再努力、不再繼續追求。成功和滿足感是建立在持續的追求之上，即使已經達到最高水準也無法改變這一點。針對人們得到重大成就後的挫敗感有大量研究，正如《哈佛商業評論》中所寫：「要想全心投入，我們需要在工作中體驗持續成長的感覺。」所以麥可·喬丹在顛峰時期退出籃壇，以及喬恩·史都華（Jon Stewart）離開《每日秀》[80]。「我認為有時你會意識到（在某件事上表現出色）已經不夠了，」史都華說，「也許該去經歷一些不適感了。」

你可以為自己的成就感到自豪，可以回顧過去說：「我真不敢相信自己可以走到這一步。」——但是下一步必須展望未來，意識到自己還能走得更遠。

約書亞·貝克（Joshua Becker）曾是牧師，現在是撰寫極簡生活的暢銷作家。他分享整理居家過程的無比樂趣，以及「清空生活中不需要的物品」如何為他帶來極大的滿足感。我不能說我完全贊同他的極簡主義理念，畢竟我喜歡跑車，但

80 *The Daily Show*，美國深夜新聞諷刺節目，一九九六年開播至今。

我非常同意他以下的說法：無論是有形的物體或我們夢想達到的成就，都不會帶來我們預期的回報。

貝克寫道，勝利之後最能感受到體育競賽的空虛。「勝利時，」他說，「追求目標的過程就結束了。再也沒有人可以擊敗，沒有任何障礙需要克服……但這絲毫不會改變你的人生。事實上，一早醒來之後，你還是要開始工作。」

有些人聽到我談破釜沉舟時會出現抵抗，他們告訴我，這種理念似乎注定一輩子都不會心滿意足。

「麥特，冷靜點，」他們說，「何必做這麼多事情，拚命追求下一個成就？你明明只要享受現有的榮光，過著悠閒的日子。」

破釜沉舟當然辛苦，但辛苦才能讓我們快樂。快樂不是悠閒的生活，辛苦奮鬥、奮力追求、實踐意義才能帶來喜悅。正因為很艱難，才有成就感，才值得我們去做。

問問馬克・洛爾就知道。他可以在賣掉 Diapers.com 之後退休，但他繼續創辦 Jet，以更高的價格賣掉。現在他的事業更上一層樓，包括創建 Wonder 公司、共同營運灰狼隊，和建立他的未來之城。

或者問問我的朋友芭比・布朗。幾十年前，當她推出自己的化妝品系列時，她賣掉用自己名字銷售美妝產品的權利，因此她在二〇一六年離開母公司 Estee Lauder 時，無法帶走自己的名字。多年來，她一直戴著一條項鍊，上面寫著她的競業協議終止日期。時間一到，她就推出新品牌「Jones Road」，首次創辦直接面對消費者的品牌，並且在六十五歲時成為 TikTok 網紅。

或是問問蓋瑞・范納洽。「我不需要外界的肯定，」他告訴我，「我純粹喜歡創業。成功讓我感到興奮，新玩意讓我感到興奮，但相較於我對創業和創業過程的癡迷相比，它們只排到第二或第三位，和第一名差遠了。做生意難免會失敗，但它們只會激勵我下一次再試試看。我很感恩自己能進這一行，感恩自己每天都能做這些事情。」

約翰・史奇普（John Skipper）曾任ESPN總裁、Disney媒體網路共同主席、英國體育媒體公司DAZN Group的高管，後來決定創立自己的公司Meadowlark Media，這是他在二〇二一年與體育作家兼Podcast主持人丹・勒・巴塔德（Dan Le Batard）共同創立的數位內容工作室。約翰掌管數十億美元的媒體公司，我們透過他的經驗發現，實現夢想的喜悅不一定越大越好，能與自己重視的人共事，致力於能持續學習與成長的工作，這樣的自由無可取代。

「我效命業界龍頭二十七年，」他解釋說，「經營DAZN讓我有機會顛覆這一行，可以從完全不同的角度看待這個產業，接觸更國際化的商業版圖，嘗試全新商業的模式。」

此外，他在六十多歲成立自己的工作室，帶來嶄新的刺激和回報。「我學到很多，」他說，「我沒有創業經驗。現在，我可以做我想做的事，說我想說的話，和很棒的人才共事。ESPN必須以公司的利益為前提，這就表示我們得忍受有才華卻做人失敗的合作對象。這裡就不必了，工作也變得更有趣。我可以挑選有人情味、正派的人一起工作，而且他們還非常有創意。」

正確的旅程不見得表示收入會不斷提高。我說過，機會的大小不一定與付出的努力成正比。所以機會的大小也不一定等同回報多寡。「大家自以為必須站在金字塔頂端，但做得開心最重要，」約翰說，「我曾掌管營收數十億美元的公司，現在我只有二十名員工……但因為是自己的公司，所以更有成就感。你不一定要賺更多錢，但要做真正有意思的事情。」就在我寫這本書時，Meadowlark Media剛與Apple簽訂多年的優先購片協議，為Apple TV製作紀錄片內容和無腳本系列節目。以我對約翰的了解，我已經迫不及待想看到他們的節目了。

同時實現諸多夢想

我跟美式足球員談到他們的退役生涯時，他們都會掉進可預見的陷阱。他們會說：「現在別拿這些事來煩我。我現在要專心打球，先讓我做完這件事，接下來再面對往後的人生。」但我們難免都會掉進這個陷阱，不是嗎？

我不能做那件事，我太忙了。

讓我先完成這個專案，我才有餘裕接手下一個。

公務比較悠閒時，我就開創自己的事業。

我以後就有時間追求夢想……等我退休之後。

這些都是維持現狀的藉口，但時機永遠不對。你無法預測事情如何發展，也無法安排你何時會成功。世界不會等你，你要持續成長才行，你必須善用今天所做的事，讓你更接近明天的目標——即使這意味著要同時做兩件、三件、四件、十七件事。世界不會在乎你是不是已經很忙，深刻的見解不會等你，直覺也不會退居其次，而你卻一直在等待更好的時機出現。永遠不會有比今天更好的時機，你永遠都很忙，或者我應該說，你**應該**永遠都很忙。

你知道嗎？不等待「適當」的時機，事情其實更容易完成。你最能發揮影響力的時候就是你最忙的時候；就是你正在推動令人期待的專案時；就是你當高階主管時；就是你的公司炙手可熱時，就是你正在談交易時，就是你與人交往時。你應趁機向他們推薦下一個好主意，而不是在其他事情都結束再提，否則只是白費力氣；也不要急著等別人答應，你才覺得有新目標和新事務可忙。撲克牌玩家最喜歡說的一句話同樣適用於人生：怕冒險的人永遠不會贏。你必須把握稍縱即逝的好時機，在一切順利之際推出新事業，不要等到有需要才做。「影響力」有個問題，就是當你迫切需要時才創造往往就太遲了。

即使時機不對，也要隨時對機會敞開心胸。就像寇特．柯羅寧所說，「留點空間等待上帝的恩寵」。這個比喻很好，不需要在展開大動作之前就想好所有答案，只需要朝你的抱負邁出第一步。除此以外，請相信宇宙在必要時會在你的努力之外，再助你一臂之力。你要敞開心胸，歡迎各種想法、人們和機遇進入你的人生。

我八十二歲的合夥人史蒂芬．羅斯就奉行這個理念。他擁有海豚隊，他重建曼哈頓西區，但他並未因此自滿。他最近決定將棕櫚灘重新打造成後新冠時期、隨處都能工作的環境，他將一級方程式賽車帶到邁阿密，另外還興建了一千兩百英畝[81]大的高爾夫球場。史蒂芬委託藝術家彼得．唐尼[82]作了一幅畫掛在他的總部，畫上寫著：「我將忙碌一生。」那當然，而且他熱愛忙碌的每分每秒。

找到發揮最大影響力之處

要說人生有哪件令我失望的事情推動我不斷前進，就是我知道，如果在我們最困難的時候，有人能向我們伸出援手，我和母親的生活就會得到大幅改善。如果有人能迅速出現，看到我們的苦難，確保我能上學，確保我母親得到她迫切需要的醫療照護，確保我們有食物，確保我們的公寓安全乾淨……我的童年就會截然不同。

韓國設計師兼企業家張成恩（音譯，Sung Un Chang）在非洲看到類似的苦難。那裡的孩子往往因為得待在家照顧牛隻，無法上學。她相信，孩子能上課的最好方法，就是以實質好處鼓勵家長送孩子上學。有鑑於他們的生活環境，她發現居民最需要的是能源，因為大部分家庭都沒有電力。張成恩透過她的公司YOLK設計了「太陽能牛」（Solar Cow），這隻牛能讓孩子上學，而不是讓他們在家放牛。

充電站就裝在學校，孩子放學後就能帶著一個行動電源回家，足以讓一顆燈泡發亮十小時。

張成恩這個想法並非憑空出現。她之前發明世上最薄的太陽能充電器「太陽能紙」（Solar Paper），在群募平台 Kickstarter 上籌到超過一百萬美元。但她想知道這個概念可以在哪裡發揮更大的影響力，她跟著心的方向到非洲，讓她的「太陽能牛」改變人們的生活。

Fanatics 的執行長邁克・魯賓明白幫助陷入困境的孩子有何意義。因為公司極其成功，他創立「改革聯盟」（REFORM Alliance），這個組織提醒人們關注美國刑法系統的不公平。該組織得到超過五千萬美元的贊助，其中有一千萬美元來自傑克・多爾西。這個組織幫助受害於不公平的緩刑和假釋法的家庭，並且倡導制度改革。二〇二一年十二月，在費城七六人隊比賽之前，魯賓和饒舌歌手米克・米爾（Meek Mill）帶二十五名兒童在球場上與同為饒舌歌手的利爾・貝比（Lil

81 相當於四百八十五萬平方公尺，大巨蛋則是一萬二千九百五十平方公尺。
82 Peter Tunney，曾在華爾街工作的藝術家，喜歡用文字表達創意，熱愛用複合媒材創作。

Baby）一起參加ＮＢＡ的「聖誕體驗」。「這裡的每個孩子，都有一個正在服刑或因違反假釋規定而入獄的父母，」魯賓說，「他們沒有犯罪，卻進了監獄。」孩子在球場上進行分組對抗，在場邊觀看七六人隊（76ers）對抗熱火隊（Heat）的比賽。魯賓說：「我們希望能給他們最美好的一天。」

我的朋友柯提斯．馬丁（Curtis Martin）在ＮＦＬ當了十一個球季的跑衛，也進入職業美式足球名人堂。相較於他的成長環境，我的童年可說是輕鬆愜意。柯提斯九歲那年，他的祖母被人刺死在臥室。有兩年的時間，兇手一直逍遙法外，柯提斯和母親生活在恐懼中，生怕兇手下一秒就來殺他們，因為他們的住址已經被刊登在報紙上。柯提斯在匹茲堡貧民區長大，生活在街頭暴力之下，柯提斯在成長過程中失去二十幾個朋友，他和最好的朋友走在街上，朋友就在他眼前被射殺。他到高中最後一年才開始打美式足球，全國每間學校很快就開始爭取他。但他覺得自己沒有目標、沒有成就感，直到他找到宗教信仰，並且意識到：足球給他舞台、給他發言的機會、給他助人的方法，並為他的人生帶來意義。

對他而言，美式足球始終是達到目的手段，是行善的方式。他每週二休息，會到紐約市各處走走，和他多年來認識的流浪漢見面，和他們坐在一起聊天，將他們當作一般人看待。另外，他召集世上最有名的人秘密會面，創造安全空間，讓他們吐露煩惱。他想盡可能為更多苦惱的人帶來光明。柯提斯大可因為童年經歷變得憤世嫉俗，他卻反而富有同情心、慷慨助人、有智慧。他是絕佳典範，說明如何找到方法，用我們的專長改變人們的生活，為人打氣，即使是是極其不幸的人。

我知道在改善人生的過程中感到無力是什麼感覺。我破釜沉舟，因為我希望自己有能力，可以提供我從未得到的幫助。對我而言，這點最重要。我找到我能發揮最大影響力之處，知道我的目標就是幫助更多人度過最低潮的時刻。

在母親去世後幾年，我為了紀念她，在皇后學院設立琳達．希金斯（Linda J.

Higgins）獎學金，每年頒發給幾位單親母親。我知道她當年要兼顧母職和學業有多辛苦，我希望其他人擁有母親從未擁有的優勢。這些女性克服萬難，最終都能在台上拿到文憑。

二〇一九年，當我在母校畢業典禮致詞時，我請拿到獎學金的同學起立。母親在我十歲時也做過同樣事情，那天下午她們帶著自己孩子到校園，我立刻想起三十年前也在同一片泥巴地玩耍。這是我童年少有的快樂回憶，我盡量不回想其他事情。

「塔蜜嘉（Tameka）、蘿珊娜（Rosanna），」我對她們說。「妳們就像我的母親，妳們克服千辛萬苦才能站在這裡。妳們沒有找藉口，沒有自怨自艾，而且從來沒有放棄過。」

這些受獎人帶給我莫大鼓舞。我每年都會和她們聊聊，希望提供不僅限於金錢的幫助。最近一次聚會格外讓人憤慨。有位拉丁美洲移民來的單親母親回憶，某天晚上，她沒辦法幫十一歲的女兒找到保姆，所以帶女兒一起上課。教授不准小女孩安靜地坐在教室後面，因為她莫名其妙地認為，這麼做有礙課堂的莊嚴氣氛。這位母親告訴我們，她只能讓女兒坐在門外地板上，要她安靜讀書，後來她崩潰大哭。她的女兒年紀雖小卻相當堅強，擁抱媽媽說：「沒關係，媽媽，沒事的。我不會有事，我以妳為榮。妳辦得到！」

另一位得獎人到美國時，一句英文都不會說，也從沒想過能上大學。最後，她申請大學，卻被診斷出罹患癌症。確診當天，她收到一封以我母親的名義提供獎學金的電郵。她在電話裡哭著對我說，她拿到了這個獎學金才有辦法上大學。

她告訴我，她重新讀了我在畢業典禮上的演講稿，希望從我母親身上得到力量。「如果你媽媽做得到，」她告訴我，「那麼我也可以。」

我母親總說她的人生毫無意義，沒有人會記得她。我無法忍受她的預言成為事實。她去世後，市長問我，我們是否可以做些什麼特別的事情紀念她。市長這個舉動非常好心，我說她其實有個遺願。她生前在公寓最後幾天，懇求我開車帶她回皇后學院的校園轉轉，那裡是她唯一的樂土。當時我正忙著準備接下新工作，現在她去世，我為此備受煎熬；於是市長安排她的靈柩最後一次駛過校園。

如今頒發這些獎學金，我覺得我是幫助母親改寫她的人生結局。她的精神並未在斯普林菲爾德大道那間悲傷的公寓獨自凋零。她的精神由這些不屈不撓的女性傳承，而我就是中間人。

學生時期，我曾競選皇后學院的學生會長，結果被打得落花流水。那是我第一次真正嘗到挫敗。對手是已故的荷西．裴洛塔（José Peralta），他是個善良又正直的人。那場學生會長選舉促使荷西終身投入公職，後來在紐約州眾議院和紐約州參議院工作，成就斐然。他競選會長的搭檔是艾倫．范．卡培（Alan van Capelle）。艾倫一九九七年畢業時，六成的美國人反對婚姻平權。艾倫大可接受現狀，結果他起而行。他後來成為倡議團體「紐約州同志議題」（Empire State Pride Agenda）的領導人，他希望改變社會風氣，後來因為這招不奏效，他就轉而改變政治人物。

二〇〇九年，婚姻平等法案在紐約州參議院以微弱劣勢落敗之後，艾倫幫皇后學院競選夥伴荷西．裴洛塔打選戰，讓他進入紐約州參議院。荷西當選了，兩年後，他投下決定性的三十三票中的一票，讓紐約州通過婚姻平權法。

我分享這個故事是要告訴大家，我們都有能力透過自己的行動實現有意義的改變，不要袖手旁觀。只要睜大眼睛，就會發現世上有些事是我們今天覺得可以接受，明天就會感到羞恥。你可以選擇你的使命，只要能鼓舞你，什麼使命都不重要。你可以找到方法改變現有體制，一步一步來，一次又一次的破釜沉舟，找到你最能發揮影響力之處，盡你所能，讓世界朝著正確的方向邁進。

我的朋友戴倫．羅威爾（Darren Rovell）就是一個例子，說明一件小事、一個小助推可以完全改變人生。戴倫在ESPN做了多年的記者，但他的天賦是透過資訊套利。他會去拍賣會購買紀念品——無論是沒有宣傳的小拍賣會、將有趣物品埋藏在目錄深處的拍賣會，或沒有好好解釋商品背景的拍賣會——他知道這些物品的價值被低估。這些物品在戴倫買下的當天就會升值，因為他擅長講述這些物品的故事。他會在相關的週年紀念日（例如某場音樂會或體育賽事的週年紀念日）轉售這些物品，並以高於原價數倍的價格出售。

好比戴倫多年來都投資巴菲特，他發現人們熱愛這位「奧馬哈先知」[83]，卻沒有人收藏他的紀念品。二〇二二年，他的投資得到回報，戴倫以數百萬美元賣出他最偉大的收藏，價格是他當年付出的兩百多倍。那是堪薩斯市財政部的十八張未切割、未流通的大張美元鈔票、上面有已知最大的巴菲特簽名（四十五公分長）。這就是戴倫的思考方式，他能看到他人看不到的事物之間的連結，知道如何將這些連結化為引人入勝的故事，打動人心；所以他才能成為如此重要的記者。

我看得出戴倫的專長要能得到最大程度的發揮，他就必須擁有自主權，好讓思緒自由馳騁。若只是將他不尋常的模式識別技能用在新聞領域，是無法讓他得到自由的，如果將這種才能用在他擁有股份的商場上，絕對更有價值。因此，我鼓勵戴倫實現他內心的渴望，鼓勵他去做他想做的事情。

但是，要鼓起勇氣燒掉ESPN這家知名公司的大船並不容易。要鞏固他在公司建立的職涯成果，確保記者的成就感之際，又能繼續追求遠大抱負，讓他相當為難。我希望戴倫創建一個投資基金，發揮天賦，或者加入新創公司，運用他的獨特才華幫助他們創業成功。我在他身上看到隨時可以發揮的才能。

後來我們RSE開支票，幫忙創立運動彩券公司，我突然意識到這家公司就是答案了：如果戴倫能夠負責品牌內容，擁有公司股權，他的人生就會因此改變。兩者果然是天作之合。「我還沒準備好完全投入創業之列，」戴倫回憶，「但我也不滿意那些掌控我事業的人。我覺得他們擅長開會，卻不擅長執行。去了新創公司之後，我的頂頭上司變少了，我有生以來第一次覺得我能真正掌控自己事業的命運。」

他加入公司的條件是由他負責內容和塑造品牌，而且還有權利分股份。他破釜沉舟，所以改變了自己的人生。戴倫加入公司不到三年，公司就被轉手賣掉，他帶著足夠資金出場，以後可以自己當家作主。「過去二十一年來，我每天都在做自己喜歡的事，」他解釋道。「但決定跳槽，是我作過最好的決定。」

我的朋友茱莉安．哈夫（Julianne Hough）是另一個例子，她決定找到自己最能發揮影響力之處，讓自己的人生更充實、更有成就感。茱莉安是舞者、歌

83 巴菲特另一個綽號叫「奧馬哈先知」（The Oracle of Omaha），奧馬哈是巴菲特出生的故鄉，也是巴郡（BRK.A）總部所在，而「先知」正是指他料事如神。

手、女演員，多次獲得《與星共舞》（*Dancing with the Stars*）的獎項，並擔任該節目評審，她希望將舞蹈介紹給大眾。她創辦KINRGY公司，這個平台提供鍛鍊方法，讓人保持身心健康，內容是結合動作、力量訓練、呼吸練習、想像和冥想的舞蹈健身操。起初KINRGY是線下實體課程，但在新冠肺炎期間轉移到線上，由茱莉安和訓練有素、精挑細選的教練協助成千上萬的用戶和訂閱者達到顛峰狀態。

「對我來說，舞蹈一直是我的超能力，」她告訴我，「我相信這是每個人與生俱來的能力。在世界各地，人們會為了慶祝而跳舞，為了豐收而跳舞，為了生育而跳舞，為了療癒創傷而跳舞。這是世界通用的語言。」茱莉安認為舞蹈是最快速改變心境的方式，因為動作會連結到情緒，她希望將這種力量介紹給大眾。她覺得自己以前只受惠於世界——現在她想要回饋，決定利用自己的愛好創業。

人們不斷問她：「妳何時要把《與星共舞》介紹給大眾？」她也希望大規模地帶給人們全方位沉浸式的體驗，讓他們覺得凡事都有可能。茱莉安了解自己的專長，開始招募團隊填補她的不足，這些人知道如何將她的天賦和想法轉化為具體的事業，於是有了KINRGY。現在茱莉安看到自己不只是舞者和名人，還能幫助全世界實現夢想。公司創辦一年後，茱莉安站在我哈佛的學生面前，擔任我的講座嘉賓，她的身分不是電視明星、演員或歌手，而是頂尖企業創辦人和社會運動領導者。透過KINRGY，她翻開人生新篇章。

沒有最終的港口

我們征服的領土越多，就越有能力幫助、服務和回饋他人，也越有能力改善我們的生活和未來。

但你要怎麼做呢？當你放下這本書時，你要如何真正開始破釜沉舟？多數公司的成長受阻，最終都導致企業搖搖欲墜，那是因為我們只專注於尋找正確的答案，沒想過我們是否問了正確的問題。當你汲取這本書的經驗教訓，準備展開下一段旅程時，只需要再問自己幾個問題：

- **我有什麼獨特的優勢，可以做到別人做不到的事？**
- **我有哪些獨特的見解，是別人尚未開始採取行動的？**

- **我有什麼與眾不同之處？我又該如何發揮得淋漓盡致？**
- **我內心真正想做的是什麼？**

你不一定要把所有事情都想清楚，如果你自以為都想清楚了，我保證你會失敗。缺乏自知之明的首要跡象就是對自己的計畫和執行能力充滿信心。有問題就有解決方案，一旦讓自己陷入沒有答案的困境，你將會對自己的聰明才智和解決問題的能力感到意外。

我說人生旅途沒有最後的港口時，有些人會打從內心覺得不以為然。他們認為我讓他們永遠不能放鬆，永遠不能休息，永遠沒有完成任務的一天；然而這不是我想要傳達的訊息。當你踏上旅程，可能會發現某座島嶼，你想在那裡建立家園，待上一陣子，安營紮寨，過起不需要時時達到新成就的無壓力人生。你這是充電，你可以充電，我們都需要充電。但到頭來，你還是會再次感受到那種劇痛。

你不可能永遠待在一個地方，除非你與眾不同，你的天性不同於我所見過的人，否則一成不變所帶來的喜悅，絕對不同於繼續奮鬥、全力投入新冒險的快樂。

人們臨終時的最大遺憾，就是從未追求自己最勇敢的夢想。完成這本書之後，我和 Boll & Branch 的創辦人兼執行長史考特．坦能（Scott Tannen）共進早餐，當時我就從公司內部看著這家奢侈家居品零售商持續成長。坦能本人就展現了這本書中的許多想法，他創立並賣出全球最大線上遊戲網站之一的 Candystand.com 之後，已經賺到大筆財富，但他和妻子蜜西裝修住家時，突然靈光一現。

選購家飾時，史考特和蜜西發現市場上沒有真正實踐客戶價值觀的奢侈家居品牌。他看到機會，可以用合乎道德的公平方式，直接與世界各地製造商合作，重塑供應鏈。七年後，公司融資超過一億美元。

「我們不敢相信，竟然沒有一個品牌或產品是『你所能買到的最好寢具』，」史考特告訴我，「所以我們就自己打造一個。」

其他人本來也可以有這種洞察力。「這麼長久以來，這麼多人都錯失這個大好良機。」史考特說。

那天我們共進早餐時，史考特湊巧提到，他花了很長一段時間，終於找到能夠有效推動社群媒體策略的公司。他付了一萬美元，該公司創造出三十萬美元的營收，利潤高達八成。這個結果令人不可置信，他承認在找到這家公司之前，他們試過許多次都失敗。他提到這家公司名字時，我立刻想起來，因為我記得過去幾年聽過無數次，這家公司正是 Village Marketing。我告訴史考特，我一定要見見這家公司的創辦人，看看我們的投資組合能否借用她的力量。

薇琪・西嘉（Vickie Segar）二〇一三年創立 Village Marketing，我們通電話時，她說我們見過。從二〇一〇年到二〇一三年，她都在 Equinox[84] 擔任行銷總監，我們最初討論工作時，她才剛離職，就是傑西・德瑞斯新成立的公關公司最早的職缺之一。當時薇琪對行銷有自己的看法，卻認為沒有人聽進去。「消費者花在社群媒體的時間絕對越來越長，」薇琪解釋道，「但他們不會把時間花在瀏覽品牌，而是花在人身上。事實上，多數品牌嘗試強迫潛在消費者進入他們自己的社群媒體頁面，我希望前往消費者所在之處，將品牌插入客戶與其他人的對話。」

「消費者在社群媒體上的時間是花在人身上，不是品牌，這點對我而言顯而易見，」薇琪繼續說道，「但似乎不是每個人都明白。現有的行銷模式不是為了與網紅合作所建，也不樂於接受新模式，所以我這種小公司才有機可乘。」

我第一次見到蓋瑞・范納洽也有這種感覺。薇琪有非凡的深刻見解，而且非常了解自己的業界。我拚命勸她加入我們的團隊。我知道德瑞斯會大有作為，她正是我們所需要的人才。結果她拒絕了。

薇琪記得她拒絕了那份工作，因為她知道她必須把握這次機會創業，看看能否闖出一片天。我們八年後再次談話，她已經辦到了。她僱用一百五十名員工，年營業額達到一千四百萬美元，成為這個領域的佼佼者，還能兼顧照顧兩個幼兒。我當年很想聘僱她，但現在她成功創業。

「十年前，身為創業女性，」薇琪向我解釋，「成家立業或請產假這類事情都不受到鼓勵。我之所以自己創業的原因很簡單，我需要創造一個環境讓我可以生兒育女，又能繼續做我熱愛的事業。我需要有彈性的工作，也知道我有機會為女性鋪路，所以我打造只聘僱女員工的公司，而且工作環境從一開始就有彈性。」

這個成功的故事鼓舞人心，這是成功的事業，更有甚者，這也是成功的人生。二〇二二年二月，她把公司賣給全球最大廣告公司WPP集團，為自己一家創造

84 美國高檔連鎖健身中心。

財務自由，巧的是，傑西幾個月前也賣掉他的公司。她選擇相信自己，而不是成為我們的員工，那一刻徹底改變她的人生軌跡。

這不就是真正的目標嗎？破釜沉舟要能帶來真正的滿足，背後需要有個原因，有個值得奮鬥的目標。過程絕對能帶來樂趣，但你依然需要找到大過充實自我或自我滿足的動力。當然，追求卓越是強大的動力，但如果沒有其他意義，勝利之後你就會開始覺得空虛。

就我而言，一切都要追溯到我的童年。我的動力就是建立平台，籌措支持平台的資金，目的就是幫助人們，不要承受我們母子當年的痛苦。光寫下這段文字都讓我心碎，我走出家門前往市政廳的那天早上，母親對我說的最後一件事，就是她保證開始吃蘋果醬，她想減重，她想活下去。她告訴我，她沒搭過飛機，她想搭一次，她想坐在海邊。她臨終當天仍然懷抱夢想，她多麼希望有機會做出可以挽救生命的改變。可惜那天早上，我不懂，而現在已經來不及了。

但對我們其他人而言，一切還不晚。要破釜沉舟，才不必放棄任何一個夢想，不辜負任何一個雄心壯志。我們都需要給自己機會，盡情發揮才能，看看自己的可能性有多大，認識自己，欣賞自己實現目標的力量。我這一生最重要的意義，莫過於幫助他人踏上追夢的旅程。我小時候就知道，沒有人會來拯救我們，雖然這是事實，卻不是必然的結局。我們都必須作出選擇，是伸出援手，還是置身事外？即使是小小的善舉，也能改變一個人的生命方向，就算只是在黑暗中提供希望。現在，我可以為絕境中的人提供一絲光明。

我與萊奧尼爾神父見面時，我們談到我的經歷，他告訴我，我童年的創傷無法真正痊癒，因為我想回到過去，拯救我的母親免受痛苦折磨，但那只是徒勞無功的事。我永遠無法治癒她或她身邊那個小男孩，但我**可以**拯救其他快沒頂的人。萊奧尼爾神父說：「到河邊去吧。」我就是因此找到內心的寧靜。

所以我二〇二一年九月才會站上中央公園的舞台，有幸向大草坪上的六萬名觀眾演講，講述我們每個人都能有所作為。三年來，天主教的跨信仰分支機構全球團結基金會（GSF，Global Solidarity Fund）一直默默地募款，幫助世界各地的移民和難民，強化宗教信仰組織的影響力，這些組織支持數以億計的信徒。而移民的議題觸動我的心，我們在電視上看到大規模移民的恐怖畫面時，應該問的不是他們**為什麼來這裡？**而是**他們在逃避什麼？**情況要有多糟、心情要有多絕望，人們才會逃離祖國，逃離家園？我一直參與GSF的工作，努力回饋並邀請其他人也投入這個使命。我在台上宣布我們要發起一項運動，為食物、疫苗和工作培訓籌募一億美元，目前已經募集兩千八百萬美元。

我的任務是將教宗方濟各的平等願景傳達給每位聽眾，無論他們有何宗教信仰，希望他們可以感受到全球團結的訊息。那場演講安插在搖滾演唱會中間……地點是公園……時間只有四十七秒！他們說，我必須照稿子唸，而且時間必須分秒不差，就接在哈利王子（Prince Harry）和梅根（Meghan）之後上台。我很緊張，但當我走上舞台的階梯時，我看到美麗的曼哈頓天際線聳立眼前，第五大道的建築物高聳入雲，世上最富有的人都住在那裡生活，或在那裡上班。那一刻，我想到有人在俯瞰中央公園的摩天大樓悠閒啜飲上等熱茶，萊奧尼爾神父則在前線拯救一個個家庭免於謀殺和強暴。直覺告訴我，我必須脫稿演出，才能引起觀眾的共鳴。我需要為萊奧尼爾神父和教宗方濟各破釜沉舟。

「你們看到後面中央公園那些建築物嗎？」我問觀眾，他們轉頭，鏡頭轉到世界各地數百萬觀眾。提詞器陷入混亂。「我不在那裡長大，我在紐約皇后區長大。就像許多紐約人，我也在非常貧困的環境長大，必須仰賴公共福利，以前我常常不知道下一餐在哪裡，我很感激自己當時得到的所有協助。但是我記得最絕望時，當我肚子空空如也時，常常得到愛心關懷和一箱來自當地天主教會補給站的食物。所以我今晚才會站在這裡……」

後來我為耽擱了四十二秒道歉。一個月後，我得到莫大榮幸，前往梵蒂岡私下會晤教宗方濟各。二〇一三年，教宗方濟各被選為基督在世的代表，當時他顛覆傳統，捨棄這個職位的所有世俗誘惑（尤其是富麗堂皇的寢宮），選擇長期住在招待所，在羅馬開一九八四年份的雷諾車。

他的革命性做法隱含一個訊息。當選不久後，教宗造訪羅馬的 Casal del Marmo 監獄，為十二名囚犯洗腳。「在我們之中最高位的人必須為他人服務，」教宗方濟各解釋說，「為你們洗腳就是一個象徵，代表我為你們效勞。」

我看著他走進梵蒂岡那間不起眼的房間，每個有幸在場的人都圍成一圈。教宗方濟各逐一與我們談話，讓我們覺得自己是世界上唯一的人。我告訴他，他的慈悲啟發我，我從小生活貧困，曾受惠於教會的食物配給。我來這裡募款並努力幫助教會，就是為了報恩。

他解釋，冷漠的反面是團結，我們都應該付出，不只是幫助遠方的人，也應該有近距離的接觸。他說：「把窮人帶到你身邊，走到最邊緣的地方，無論是物理性或精神面的外圍。」聽到這句話，我回到過去，想起母親臨終前多渴望有人能幫她洗頭，好讓她覺得自己還像個人。但當地的髮廊卻極端厭惡她，因為她再也無法自己洗澡。她非常希望被人接納，金錢可以幫上忙，但她真正渴望的是人與人之間的接觸。團結，希望，情感交流。

我在書中努力建立連結。我試圖與合作過的創辦人和搭檔建立良好關係，試圖與我有緣碰上並且需要幫忙的人建立良好關係。教宗方濟各的接見讓我永生難忘，尤其是他在結束前說的那句話，那句話最適合送你去破釜沉舟：「要勇敢。」

我知道這句話聽起來很簡單，做起來卻有多難。當我要離開噴射機隊時，大家告訴我，我這個行為既冒險又愚蠢。他們說以後不會有人要接我的電話，我離開球隊將一無所有。我告訴他們，不對，噴射機隊不是我的平台，我自己才是。

你就是自己的舞台，你的才能就是你的舞台。接受自己的優勢，永遠不回頭。

要勇敢。

不久前，我去紐約喬治湖度假。我們租了一艘船，湖上有個歷史超過半世紀的可愛木船塢。我和其中一位船主聊了起來，原來就是他的祖先建造了整座船塢和所有船隻。有艘華麗的木船停靠在一旁水面，似乎經過悉心保養，彷彿凍結在當年的時空，外觀就像威尼斯運河的小船。

「那艘船有什麼故事？」我問。

「啊，那艘船很特別。」

六十年前，船塢慘遭祝融。一九五七年五月五日的新聞證實這個故事：「博爾頓蘭丁的史密斯船塢被燒毀。博爾頓、喬治湖、切斯特敦和沃倫斯堡的消防隊在現場花了五個多小時才撲滅大火。」

大火發生時，原來的船主正在裡面忙碌工作。興建船塢的舊木材本來就易燃，他知道船塢可以重建，但他擔心大火會吞噬船隻，摧毀他畢生的心血。他趕忙把船推到湖裡，但是時間不夠，他突然恍然大悟，在熊熊大火中衝進維修室，從牆上取下斧頭。他站在還沒被火焰波及的船上，開始對船身狂揮斧頭。只要讓船沉下去，引擎就會進水，但船身不會被燒毀。等到大火撲滅之後，他可以把船撈起來，更換零件，重建事業。

如果你能從這些故事得到啟示，希望你知道，我堅信你有無窮潛能，可以摸索出你的旅程。相信我，當你身處絕境，看起來無路可退時，一定會找到出路。

甚至有時與其破釜沉舟，不如試著讓情況自行發展。

ACKNOWLEDGMENTS

致謝

我總是把自己不可思議的人生想像成永無止境的接力賽中。從我在紐約皇后區第一份工作開始，總有一個人看到我想去哪裡，卻不問我從哪裡來，然後接過棒子，帶我前往下一站。黛安・柯恩（Diane Cohen）、艾倫・葛修尼（Alan Gershuny）、眾議員蓋瑞・阿克曼（Gary Ackerman）、麥克・申科勒（Michael Shenkler）、麥可・納斯邦（Michael Nussbaum）、大衛・歐茲（David Oats）、克莉絲汀・拉特加諾－尼可拉斯（Cristyne Lategano-Nicholas）、柯琳・羅榭（Colleen Roche）、桑妮・明德（Sunny Mindel）、路・湯姆森（Lou Tomson）、凱文・藍普（Kevin Rampe）、邁克・麥基恩（Michael McKeon）、州長喬治・派塔基（George Pataki）、約翰・卡西（John Cahill）、麗莎・史托（Lisa Stoll）、傑・羅斯（Jay Cross）、伍迪・強生（Woody Johnson）、萊恩・施萊辛格（Len Schlesinger）、傑夫・佛羅斯特（Jeff Frost）、荷莉・雅各（Holly

Jacobs）、克萊·紐比爾（Clay Newbill）、羅伯·米爾斯（Rob Mills）、馬克·伯內特（Mark Burnett）、巴瑞·波茲尼克（Barry Poznick）、馬克·霍夫曼（Mark Hoffman），當然還有我的合夥人、良師和叔叔般的史蒂芬·羅斯（Stephen Ross）。在我職涯的各個十字路口，你們每個人都更看重我的潛力而非家世，為我每一次工作上的突破鋪路。還有很多人比我自己更相信我的能力，我每天都懷著感激之情惦記著你們。

我希望讀者覺得這本書有時是那麼赤裸、脆弱地令人覺得不自在。我感謝各行各業懷抱非凡夢想的人，他們的經歷體現了《拋棄B計畫》的意義。特別是艾登·基侯（Aidan Kehoe）和邁克·坦寧鮑姆（Mike Tannenbaum），謝謝你們毫無保留，讓我分享你們努力不懈地提升自我。

感謝所有讀過未經潤飾手稿的諸位。你們敏銳的洞察力、溫和的回饋，充滿愛心的鼓勵，讓這本書更完美，《拋棄B計畫》才能改變他人的人生：謝謝克勞蒂亞·雷札諾·迪·坎波（Claudia Lezcano del Campo）、蘇珊·諾維茲（Susanne Norwitz）、戴夫·華倫（Dave Warren）、艾瑞克·凡·華格恩（Eric Van Wagenen）、艾莉絲·波比（Elyse Propis）、約翰·奇歐拉（John Ciorra）。

凡妮莎．波勒斯特羅（Vanessa Ballesteros），妳的意見拓寬這本書的視角，為多年來機會遭到剝奪的人發聲，不是人人都像我一樣幸運。

我怎麼會上《創智贏家》或得到自己的試播節目呢？我的經紀人瑞德．柏格曼（Reed Bergman）在我身上看到意想不到的上鏡天分，從中牽成。

我在RSE創投兢兢業業的團隊，有什麼是你們辦不到的事嗎？我們就像一支螞蟻兵團，可以肩負比體重更多的重量。你們在任何情況下都能遊刃有餘的應變能力，讓我有足夠心思完成這本書，必要時候還能稍微打混。烏岱．阿胡加（Uday Ahuja）、柯琳．葛拉斯（Corrine Glass）、雷娜．戴烏可維（Ljena Dedvukovic），感謝你們穩健地領導我們這個卓越的團隊。潔西卡．李佐（Jessica Rizzo），沒有妳就沒有RSE，過去十年來，妳堅定不移的正能量是我們所有人的福氣。路．馬雅諾（Lou Majano），感謝你協助協調寫書所需的無數細節，幫忙安排超過五十場的訪談！

這本書能問世要歸功於我那位有雄心壯志的作家經紀麥可．帕根（Michael Palgon），他透過一連串灌了無數咖啡的馬拉松式白板會議，塑造這本書。我對於書籍的熱愛始於貝芙莉．克萊瑞[85]，因此能夠加入她稱為家的公司——威廉莫羅出版社（William Morrow），讓我感到自豪與懷念。哈珀柯林斯出版集團（HarperCollins）的莫羅．迪普雷塔（Mauro DiPreta）立即看出《拋棄B計畫》改變人生的潛力，全力以赴幫助我這位首次創作的作家，促成這本書的問世。感謝安德魯．雅基拉（Andrew Yackira），你每一次的編輯都讓這本書更臻完美。卡蘿．雷曼（Carol Lehmann），妳是真正的藝術家，妳設計的書籍封面如此強而有力，令人無法忽視。就各方面而言，傑瑞米．布萊曼（Jeremy Blachman）是我創作《拋棄B計畫》的夥伴。一年多以來，我們進行無數次討論，不斷深入挖掘書中的想法，再尋找故事和主題，強調每個概念。很難想像有人能夠比你關心你的書，這就是我與傑瑞米合作的感覺。

我可愛的孩子，寫這本書最困難之處就是完全不提到你們，就像我這些年來始終不讓你們曝光。這是《拋棄B計畫》中唯一名不副實、猶如謊言的部分，因為我想讓全世界知道，你們是我的全部。我睿智的十五歲兒子，謝謝你翻閱這本書。你會發現你每個精闢的修改都被我採納了。（喔，沒錯，之後要考試。）

母親琳達去世時，帳戶裡只有一百美元，但我繼承了父母所能給孩子的最寶貴禮物：對自己無比的信心，相信我有能力解決任何事情。每個荒謬計畫都得到不可理喻的支持。很久以前，我們就在廚房桌上勾勒出《拋棄B計畫》的藍圖，書中提及的童年時光，有許多事情都經過修飾，我的哥哥陶德（Todd）、提米（Timmy）和湯米（Tommy）也因為我們的成長背景付出沉重的代價，我不想在書中一一道來。但我想告訴你們，我把你們都看在眼裡。陶德，我從小就把你當成我的軍師。每個人都需要有個知道來龍去脈的人，對我而言，那個人就是你。

最後，我親愛的妻子，莎拉（Sarah）。我們怎麼這麼幸運？妳是我最好的朋友、我的靈魂伴侶、我找不到方向時的北極星，以及我不想找方向時的共謀。沒有人比妳更讓我敬佩了。

這本書獻給妳。

85 Beverly Cleary，美國兒童和青少年小說作家，作品包括《老鼠與機車》（*The Mouse and the Motorcycle*）以及《雷夢拉》（*Ramona Quimby*）系列等。

國家圖書館出版品預行編目資料

抛棄B計畫：破釜沉舟，釋放全部潛能的人生新策略 / 麥特．希金斯著；林師祺譯 --初版. --臺北市：平安文化, 2025.03 面；公分. --(平安叢書；第0832種)(UPWARD；169)
譯自：Burn the Boats: Toss Plan B Overboard and Unleash Your Full Potential

ISBN 978-626-7650-12-7 (平裝)

1.CST: 成功法 2.CST: 自我實現

177.2 114000879

平安叢書第0832種
UPWARD 169

抛棄B計畫

破釜沉舟，釋放全部潛能的人生新策略

Burn the Boats: Toss Plan B Overboard
and Unleash Your Full Potential

作　　者—麥特．希金斯
譯　　者—林師祺
發 行 人—平　雲
出版發行—平安文化有限公司
台北市敦化北路120巷50號
電話◎02-27168888
郵撥帳號◎18420815號
皇冠出版社(香港)有限公司
香港銅鑼灣道180號百樂商業中心
19字樓1903室
電話◎2529-1778　傳真◎2527-0904
總 編 輯—許婷婷
副總編輯—平　靜
責任編輯—蔡維鋼
美術設計—兒日設計、李偉涵
行銷企劃—薛晴方
著作完成日期—2023年
初版一刷日期—2025年03月
初版二刷日期—2025年04月
法律顧問—王惠光律師

讀者服務傳真專線◎02-27150507
電腦編號◎425169
ISBN◎978-626-7650-12-7
Printed in Taiwan
本書定價◎新台幣450元/港幣150元